T0047704

TEMOR

El ruido nos daba miedo…

pero el silencio aún más.

Por eso, empezamos a llamar a algunos
sonidos música.

Y a otros no.

A los que nos molestan y no nos gustan
los llamamos ruido.

A los que nos gustan y nos agradan, sonido.

Definir es siempre un acto político.

TEMBLOR

Un terremoto es la liberación de energía acumulada, una sacudida generada por las tensiones ejercidas sobre una superficie.

El sonido de los terremotos no es audible en sí mismo. Escuchamos sus efectos: el crepitar de unos pupitres, el chasquido de dos lámparas chocando, los padrenuestros de unas enfermeras en una sala de operaciones.

Pero eso no quiere decir que no esté ahí el sonido del terremoto. Pone en jaque nuestro espectro de escucha.

Los terremotos liberan energía. Destruyen y crean la superficie. ¿Cómo sería un terremoto musical? ¿Fue el dodecafonismo un terremoto musical? ¿Lo fue el serialismo integral? ¿Lo fue el punk? ¿El trap?

El sonido de los terremotos no es audible en condiciones normales. Pero está ahí. Sonando y vibrando. De-narrando: abriendo grietas.

El sonido que no se oye podría cambiarlo todo.

© de los textos: sus autores
@ de la edición: Antoni Bosch editor, S.A.U., 2020

Diseño: Mot
Corrección de textos: Ester Vallbona y Olga Mairal
Impresión: Prodigitalk

Printed in Spain
Impreso en España
ISBN 978-84-949979-0-7
Depósito legal: B 5272-2020

Antoni Bosch editor
Manacor 3, 08023 Barcelona

info@antonibosch.com
www.antonibosch.com

SIGLO
XXI
—
TERREMOTOS
MUSICALES
—
DENARRACIONES
DE
LA
MÚSICA
EN
EL
SIGLO
XXI
—

Edición de
Pedro Alcalde
Marina Hervás

—

Contribuciones de
ANA-MARÍA ALARCÓN-JIMÉNEZ
MIGUEL ÁLVAREZ-FERNÁNDEZ
ALBERTO BERNAL
JAVIER BLÁNQUEZ
SUSAN CAMPOS FONSECA
CRISTINA CUBELLS
WADE MATTHEWS
ELOY V. PALAZÓN
CARMEN PARDO
LEANDRO PISANO
MARTA G. QUIÑONES
CARLOTA SURÓS

—

TERREMOTOS
MUSICALES
—
DENARRACIONES

SUMARIO

MODO DE EMPLEO

Este libro se puede leer de muchas maneras. Estas son algunas propuestas:

Método sistemático:
Secciones: I-II-III-IV.
Cuatro bloques dividen el libro, en atención a las clásicas preguntas del periodismo: los quiénes, los cómos y los qués, los dóndes, los cuándos.

Método discursivo:
Capítulos: 12 - 10 - 5 - 8 - 6 - 1 - 4 - 7 - 11 - 9 - 3 - 2
Hay tantas narrativas alternativas como ojos. Esta comienza con una revisión del concepto de historia de la música (12), que llega a cómo entendemos el tiempo desde que existe internet (10). A partir de ahí, surge el problema de la digitalización y sus consecuencias (5), así como la crítica a la hegemonía —que sustentaba un concepto específico de música— (8). Tal hegemonía era reproducida de forma acrítica en la educación, así que habría que poner en jaque sus cimientos (6), sustentados por una compleja relación entre lo sonoro y lo visual (1 y 4) —donde parece que la partida la había ganado, hasta ahora, lo segundo—. Esta revisión de lo que sustenta el concepto de música, así como el cruce con otras artes, propicia la ampliación hacia el arte sonoro (7) y de las propias prácticas interpretativas y experienciales (11 y 9), donde se ponen en juego los cuerpos, los espacios y los márgenes de la política. Y también —quizá— las promesas de resistencia (3 y 2).

Método aleatorio:
Más allá de cualquier orden descriptivo, interpretativo o evaluativo, el orden aleatorio nos ofrece un método sin estrategia, un objeto sin objetivo, y nos aleja con ello de la rutina de nuestras formas de pensar o entender la realidad. Ni analítico ni dialéctico, ni lógico ni cronológico, el orden aleatorio es el camino adecuado para que los diferentes temas aparezcan o se escondan sin un interés concreto o predeterminado.

Método acromático:
Siguiendo la escala de grises. Las páginas en negro marcan el principio y el final del libro e introducen cada una de sus secciones y capítulos. Las páginas en gris son pequeñas fallas y temblores que irrumpen a lo largo del libro. Las páginas en blanco son el cuerpo de las contribuciones.

I. EXPERIENCIAS

LOS QUIÉNES
O SOBRE
LO QUE
EXPERIMENTAS,
LO QUE
QUIEREN QUE
EXPERIMENTES,
LO QUE
PUEDES
EXPERIMENTAR.
ES DECIR,
LA POSIBILIDAD,
ALCANCE
Y REGULACIÓN
DE LAS
EXPERIENCIAS
QUE DERIVAN,
SURGEN
O SE CRUZAN
CON LO SONORO.

Párpado

(sustantivo, masculino)

Membrana que cierra el ojo. La palabra
"párpado" se deriva del latín "palpare": palpar.
El ojo "palpa" lo que el párpado deja ver.
El párpado es lo que quizá haya que cerrar
para poder oír. No hay párpados en el oído.

Se ha convertido en un lugar común decir
que vivimos en una época dominada por
las imágenes. Pero esto ¿qué significa?
¿Y cuál es la relación que se establece entre
la mirada y otras formas de percepción?
¿Podemos pensar la música sin YouTube
o videoclips? ¿Es posible escuchar sin mirar?

1.
LA OBRA MUSICAL EN LA ÉPOCA DEL ICONOCENTRISMO

Alberto Bernal

«Ver es ahora-ahora-ahora-ahora-ahora-ahora-ahora-a-h-h-h…, mientras que escuchar es entonces-y-ahora-y-entonces, allí, en la fuente del sonido y después aquí, en el cuerpo, cuando ya se fue pero todavía está dispersándose en el ambiente.»
David Toop, *Resonancia siniestra*

1. Ver

Diversos estudios estadísticos recientes revelan lo que muchas personas dábamos por sentado desde hace tiempo: la plataforma desde la que se escucha (mantendremos este término por el momento) más música es, con mucha diferencia sobre sus rivales, YouTube.[1] Es decir, una plataforma pensada y diseñada para albergar contenidos audiovisuales, con una preferencia especial por la imagen, en cuya calidad se invierte la mayor parte de su ancho de banda, quedando lo sonoro relegado a unos pobres 126 bits por segundo.

Es una prueba más, por si alguien la necesitaba aún, del dominio de lo visual en nuestra sociedad, en la que parece resultarnos cada vez más difícil escuchar música sin más, sin que tengamos que estar frente a una pantalla en la que se proyecte, no ya un vídeo real de la música en cuestión, sino también cualquier tipo de imagen más o menos relacionada: la carátula del CD, una presentación de imágenes de los artistas o compositores (a ser posible, animada), fotografías de paisajes (que siempre pegan con todo) o cualquier tipo de imagen que mantenga nuestros órganos de visión entretenidos mientras (¿)escuchamos(?) la música que suena.

Todo parece girar en torno a la imagen, en tanto que reducción del estímulo meramente visual que reemplaza poco a poco a otro tipo de estímulos. En las redes sociales, las imágenes tienen premio: sus algoritmos favorecen el posicionamiento de las publicaciones que utilizan fotos o vídeos sobre las que son meramente texto. Los usuarios, por nuestra parte, aceptamos tal situación y nos expresamos mediante fotos, *gifs*, emoticonos o, cuando no tenemos más remedio que usar textos, los reducimos a una simple frase camuflada bajo un aspecto de imagen; así, cuando el texto no es directamente reemplazado por la imagen, acaba adoptando igualmente sus atributos principales: inmediatez, atemporalidad y fugacidad.

Hemos pasado de una época mayormente logocéntrica a un claro dominio de las imágenes: iconocentrismo, iconocracia, visuocentrismo[2], pantallocracia[3], sociedad del espectáculo... [4] Muchas son las denominaciones de este fenómeno, de las cuales queremos proponer la primera, pues nos permite una pertinente doble acepción: *icono* en cuanto a su significado etimológico como imagen, pero también *icono* como símbolo que, por aparente similitud, reemplaza a algo que está más allá de sí mismo. En el icono, este «algo que está más allá» abandona su condición de ser real para convertirse en virtual.

2. Escuchar

Estos atributos de inmediatez, atemporalidad y fugacidad que asume el texto en su camino de degradación hacia la imagen pueden ser también observados en las prácticas actuales de escucha; no en vano el texto, desde su condición, nos remite también hacia un acto de escucha, ya se trate de una escucha real o de una mera escucha interior.

En cualquiera de los dos casos, y con cualquiera que sea su materia, la escucha necesita algo fundamental: tiempo. Y hoy en día apenas lo tenemos. El sociólogo Hartmut Rosa caracteriza nuestra época actual como una «sociedad de la aceleración»[5] en la que se impone el paradigma de hacer cada vez más cosas en cada vez menos tiempo, algo directamente relacionado con lo iconocéntrico, pues este paradigma va a ejercer un incuestionable poder sobre todos aquellos fenómenos que necesiten más tiempo del «necesario», suplantándolos por otros más inmediatos, atemporales y efímeros.

En la praxis de la escucha musical, el fenómeno de la escucha dedicada de una obra está siendo reemplazado por otro: la escucha fragmentaria. Las estadísticas lo indican claramente: solo el 5 % de las personas que acceden a un vídeo de contenido musical de YouTube o Vimeo llegan hasta el final de este. Puede que algún lector o lectora esté pensando que me estoy refiriendo a la (bien o mal) llamada *música comercial*, pero incluso en el ámbito de la música contemporánea, en el que parece que sus oyentes deberíamos ser plenamente conscientes de la necesidad de la escucha dedicada, las estadísticas se mantienen en números muy similares.[6] Y tampoco sabemos qué estuvo haciendo ese 5 % de oyentes mientras «escuchaba»; es muy probable que buena parte de ellos aprovechara para, al mismo tiempo, consultar las novedades de Facebook en la pestaña de al lado.

Como apuntábamos más arriba, con *iconocentrismo* queremos referirnos, no únicamente al dominio de la imagen como tal, sino también al del icono en cuanto a reducción simbólica de otra cosa que está más allá de sí misma, más cercano a su acepción en el ámbito de la informática: «símbolo mostrado al usuario por un programa o sistema operativo con el fin de representar un acontecimiento u objeto que exigiría una extensa explicación textual»[7]. ¿Es el vídeo de YouTube un mero «icono sonoro», un símbolo mostrado al usuario con el fin de representar un acontecimiento sonoro (la obra) que exigiría una extensa escucha?

El icono de la obra musical es su audición fragmentaria, el *zapping* sonoro. La escucha parece convertirse así en un acontecimiento simbólico, inmediato y atemporal, de esa otra cosa que es la obra. Es un fenómeno muy similar a cómo, hoy en día, la información o la opinión es reducida cada vez más a titulares de esa otra cosa que son los artículos. Leemos cientos de titulares todas las semanas, pero muy pocos artículos. Y, puesto que esto es así, la difusión de la información evoluciona a pasos agigantados hacia una emancipación del titular sin artículo, el *tuit*, en el que el desarrollo reflexivo cede su lugar al «zasca», cuya magnitud es lo que suele determinar el nivel de impacto de lo transmitido. ¿Podemos sacar la misma conclusión para la praxis de la escucha musical? Y ¿hasta qué punto evolucionan también las obras hacia una iconización de sí mismas, hacia una búsqueda del impacto mediante el «zasca»? ¿Podríamos decir, parafraseando a Benjamin, que «la obra musical iconizada se convierte, cada vez más, en la iconización de una obra concebida para ser iconizada»?[8]

3. Oír

En nuestra era digital, la gran facilidad que tenemos para escuchar música nos conduce a la paradoja de escucharla, no únicamente cada vez menos, sino también cada vez peor. A la fragmentariedad apuntada anteriormente se le une la naturaleza de nuestros propios dispositivos de escucha: por facilidad y comodidad, el acto de escuchar música cada vez se realiza más desde nuestros *smartphones*. Ya no solo como *input* de contenidos, sino también cada vez más como *output*, con la consecuencia de que, a la ya de por sí pobre calidad de los sistemas de *streaming*, se le añade la drástica reducción del fenómeno sonoro que provoca la escucha a través de los altavoces internos del teléfono o del ordenador, algo que, bien por pereza o bien por «compartir» con los demás, cada vez hacemos más a menudo, especialmente las personas más jóvenes.

De esta manera, la música, incluso cuando va más allá de su reproducción fragmentaria, acaba convirtiéndose en una sombra de algo que ya estamos dejando de experimentar en profundidad. A través del *smartphone*, todas las músicas parecen sonar de la misma manera, poniendo de rabiosa actualidad aquel «The medium is the message» de McLuhan; el contenido de lo que se reproduce parece ser cada vez más irrelevante (especialmente en las músicas comerciales), y lo que se transmite es el mensaje del medio: la música no es más que un relleno de actividades en el que el acto de escuchar se ve sustituido por un mero acto de oír. De una manera parecida a cómo lo identitario de los lugares es progresivamente reemplazado por la irrelevancia y transitoriedad de los no-lugares (centros y calles comerciales, estaciones, autopistas...),[9] esta «sombra sonora» se nos presenta más bien como una no-música que no necesita del esfuerzo de ser escuchada.

4. No oír

La propia plataforma YouTube nos pone también de manifiesto cuáles son aquellas actividades que parecen necesitar más de la presencia no necesariamente escuchable de la música: «Mozart Classical Music for Studying» (8 millones de visitas), «Classical Music for Reading» (23 millones), «Music for Running» (3 millones), «Music for Office» (6 millones), «Relaxing Jazz Music» (9 millones)... Curiosamente, se trata de actividades que requieren un cierto esfuerzo, inclusive relajarse de la constante sobreestimulación.

Una vez liberada la música del esfuerzo de ser escuchada, oírla parece ser más necesario que nunca, también dentro de lo meramente visual. *Powerpoints*, presentaciones de fotos, vídeos no sonoros de YouTube o incluso obras del ámbito del videoarte: todo ello parece sufrir de un manifiesto *horror vacui musicalis*, por el que cada vez nos cuesta más mirar a algo sin la constante presencia de un amenizador hilo musical.

Todo debe tener una banda sonora. La «soundtrackización» de la experiencia nos invade y se expande por todas partes: desde lo visual hacia las actividades más absurdas, como la música de Schubert (del quinteto *La trucha*) con la que algunas lavadoras Samsung nos avisan de que han finalizado su programa de lavado.

¿Cómo no oír? En su forma más banalizada e iconizada, la música es una parte esencial de la patológica sobreestimulación de nuestra sociedad.

5. ¿Componer?

Llegados aquí, una cuestión nos acecha: más allá de lo nostálgico y museístico, ¿hasta qué punto puede seguir teniendo vigencia esta forma de arte de lo que suena en el tiempo, cuando tanto lo que suena como el tiempo como tales parecen haber dejado de ser relevantes en nuestros días?

¿Tiene la música de nueva creación alguna respuesta que aportar, más allá de la mera aceptación acrítica de los actuales condicionantes?

En la época del iconocentrismo: ¿componer?

6. Escuchar sin ver

Sustraer la visión como posibilidad. No ver para escuchar. Es lo que, desde Schaeffer, conocemos como *escucha acusmática*, una práctica que, especialmente en nuestros días, puede cobrar una especial relevancia. Brandon LaBelle atribuye a este escuchar sin ver la capacidad de poder apartarnos de un determinado contexto y reordenar así lo sensible, negación desde la que puede emerger algo más: «¿Podemos considerar la escucha acusmática como la base para un tipo de actitud ética, o incluso política, que implique una condición que podríamos caracterizar como estar *más allá de la apariencia*?».[10]

En una sociedad dominada por lo que vemos, anteponer la escucha a la mirada puede suponer un acto de resistencia. El desdeñado acto de escuchar en toda su extensión, cuantitativa o cualitativa, se convierte en la posibilidad reclamada por un buen número de propuestas musicales que, partiendo de esta difícil subyugación a lo visual, reivindican para la vivencia las antítesis de aquellos atributos de las imágenes que nos invaden: lo inmediato se convierte en experiencial, lo atemporal deviene una necesaria expansión del tiempo que, en última instancia, hace perdurar en nuestra memoria y en nuestros cuerpos aquello que parecía condenado a ser efímero y fugaz.

Desde la invisibilidad de lo puramente acusmático planteada por artistas del ámbito electroacústico como Francisco López (quien además propone la anulación completa de la visión mediante las cintas negras para los ojos que se reparten en cada concierto), Chris Watson o Natasha Barrett, se extiende una praxis que trata de salvaguardar la escucha como un refugio desde el que poder ejercer otra manera de percibir; algo que, en última instancia, puede incluso llevarnos a cambiar nuestra mirada, matizada ahora por una toma de conciencia sobre lo sonoro-oculto. Paradigmático es también el hacer de Morton Feldman en sus últimos años, con aquellas extensísimas y pausadas obras instrumentales (*Triadic Memories, Segundo cuarteto*, etc.) que minimizan el elemento gestual y la relación causa-efecto para introducirnos en una escucha que, en su no-esperar-nada, nos abre la posibilidad de repensar (y «re-sentir») todas las relaciones que emergen desde lo sonoro. Y destacables en este sentido son, a su vez, algunas propuestas de Sergio Luque que, transitando el continuo que va de lo acusmático a lo instrumental, reclaman una escucha más allá de los estímulos inmediatos que ofrecen la visión o el gesto.

7. Escuchar y ver

Si, hace cien años, Luigi Russolo fundamentaba la incipiente predilección por los ruidos como material musical en su imparable presencia en la vida humana («esta revolución musical es paralela a la creciente proliferación de las máquinas»),[11] la creciente proliferación de imágenes en nuestro día a día parece encontrar también su paralelismo en una nueva tendencia musical: componer con imágenes.

Nos referimos, aquí, no a una composición *para* la imagen (dentro de prácticas cinematográficas o comerciales en las que la música no suele abandonar su subordinado papel de banda sonora), sino a una concepción del discurso musical en el mismo plano jerárquico que las imágenes, algo que tiende a suceder cuando son los propios compositores quienes adquieren la capacidad de manipular simultáneamente lo sonoro y lo visual. En las pasadas décadas, este bilingüismo era más bien algo inusual (citemos aquí a Kagel o a Phill Niblock como casos excepcionales). Hoy en día, en cambio, la tecnología y el acceso a los nuevos medios audiovisuales posibilitan enormemente los desbordamientos interdisciplinares de los artistas en sus propias obras. La emergencia de lo visual en las músicas de nueva creación es, por tanto, un reflejo claro tanto del predominio de las imágenes en nuestra época como de la expansión de las tecnologías para su manipulación.

Todo esto constituye un arma de doble filo. Por una parte, la asimilación de las imágenes dentro de los discursos musicales puede ser percibida como una capitulación hacia las inercias iconocéntricas, algo que es habitualmente criticado por algunos defensores acérrimos de la integridad de la escucha y lo sonoro. Pero, cuando lo visual es puesto en el mismo plano que lo sonoro, puede darse también la posibilidad de una reformulación de la relación entre lo que se ve y lo que se escucha. El ver para no escuchar y el oír para no ver, anteriormente descritos, pueden dar paso a un ver para escuchar mejor y/o a un escuchar para ver mejor, donde escucha y mirada ya no se anularán la una a la otra, sino que, justamente, se agrandarán en la presencia compartida.

Así, el sonido adquiere la capacidad de salir de sí mismo para establecer relaciones con su propio contexto. La música deja de ser absoluta (es decir, solo música) para convertirse en lo que Harry Lehmann denomina «música relacional»,[12] a saber: un discurso musical a partir de un entretejido de relaciones entre lo que suena, lo que se ve y aquello a lo que ambos, por separado y en conjunción, nos señalan más allá de su propia materialidad. Destacamos aquí trabajos como los de Michael Beil —con su habitual deconstrucción de lo sonoro mediante procedimientos de manipulación audiovisual— o Johannes Kreidler, en los que el hecho musical suele ser recontextualizado en su dimensión más política gracias a la contraposición de elementos visuales que se derivan de lo sonoro, y viceversa; mención especial a *The Wires*, obra que contrapone la materialidad de las cuerdas del chelo a imágenes derivadas de las múltiples formas de trenzar alambre de púas que han sido utilizadas a lo largo de la historia para, ante todo, crear límites.[13]

Si bien aparentemente en las antípodas del escuchar sin ver, este escuchar y ver, cuando es llevado a cabo de forma crítica, no deja de converger con el anterior en su manifiesta resistencia hacia las formas de percepción que nos son impuestas. En este caso, no tanto como resistencia basada en afirmar lo invisible, sino más bien en poner en tela de juicio los mecanismos que operan en la sociedad desde su propia realidad audiovisual e iconocéntrica.

8. Escuchar y pensar

Las posibilidades de integración de sonido e imagen mediante las nuevas tecnologías han contribuido también, en buena parte, a una eclosión de propuestas musicales en las que el elemento estético (ya sea escuchar, ver u otros) es, a su vez, «interrumpido» por el acto de pensar y reflexionar, tal y como podía desprenderse de los ejemplos anteriores. Si bien lo visual no es una condición *sine qua non* para que se produzca este giro hacia lo conceptual, ambos aparecen juntos con gran asiduidad gracias, especialmente, a la capacidad de concreción de imágenes o textos proyectados, que pueden integrar en la materialidad de la obra aquel contenido extramusical que tradicionalmente había quedado relegado a las notas al programa. En cierto sentido, la visualidad ha jugado un papel fundamental como contribución hacia una mayor inteligibilidad de la música de nueva creación. Sin querer entrar aquí a debatir sobre la pertinencia del término *inteligible*, no puede negarse que, al menos desde los años cincuenta, la nueva música ha estado atada de pies y manos por los paradigmas de lo complejo, e incluso, de lo críptico, algo extremadamente problemático para todas aquellas propuestas que, en su pretensión más o menos conceptual, requerían de una cierta escucha informada.

Este proceso de conceptualización de lo musical guarda ciertos parecidos con aquella pérdida de autenticidad de la obra de arte en su reproducción apuntada por Benjamin. Para él, esta pérdida de autenticidad conlleva, en primera instancia, una desritualización del fenómeno artístico, algo que podemos apreciar también cuando, en su deriva conceptual, se rompe la integridad estética de la obra musical. Más allá de la posible (quizá discutible) asimilación de esta integridad estética de la obra musical —que la confina al dominio de la música absoluta— con el criterio de autenticidad de la obra de arte, lo más interesante de lo planteado por Benjamin son las consecuencias de dicha pérdida: en la desritualización de la obra de arte se halla también, precisamente, su oportunidad, «en el mismo instante en que el criterio de la autenticidad fracasa en la producción artística, se altera y trastorna toda la función social del arte. En lugar de su fundamentación en un ritual, aparece su fundamentación en una praxis distinta, a saber: en la política».[14] Así, en su desritualización y en el rebajamiento del peso de lo puramente estético, el sonido, además de ser escuchado, adquiere la capacidad de ser «pensado», de establecer diálogos con lo que está más allá de su propio ritual y de «interactuar con la significación lingüística, ontológica, epistemológica, social y política», tal y como expone y desarrolla brillantemente Seth Kim-Cohen en su libro *In the Blink of an Ear*.[15]

9. Escuchar sin oír

La conceptualización lleva también implícita una desmaterialización del fenómeno estético, cuyo discurso abandona la inmanencia de su propia materia (objetual, sonora, etc.) hacia aquella red de interacciones inmateriales con lo que está más allá de sí mismo. Los órganos de percepción de lo sensible (ojos, oídos, etc.) pasan, por tanto, a un segundo plano, dando paso a lo que Duchamp definió como «arte no retinal», y que ha sido reformulado para lo sonoro como «música no timpánica» (Lehmann) o «arte sonoro no coclear» (Cohen).

Si bien lo anterior no es más que una vuelta más en torno a la emergencia de lo conceptual anteriormente descrita, llevado a su extremo nos abre también una nueva posibilidad, al tiempo que nos plantea una cuestión: ¿hasta qué punto es necesaria la materialidad sonora para la creación de un discurso estético-musical? O más lisa y llanamente: ¿es posible escuchar sin oír?

Una interesante propuesta hacia esta cuestión es la obra para caja sola *Commitment :: Ritual I :: BiiM*,[16] de la neoyorkina Jessie Marino, compuesta a partir del procedimiento de borrado de todo el material de la canción «I'll Make Love to You» (Boyz II Men), salvo los golpes de caja, que son ejecutados aisladamente en sincronía con un destello de luz blanca cegadora. Hacia la mitad de la obra, la grabación de la canción original aparece fugazmente durante unos segundos, contextualizando así los golpes de caja, que seguirán impasiblemente hasta el final. Lo que escuchamos en esta última parte, tras la aparición del original, ya no son solo los golpes de caja que suenan, sino ante todo la canción original que dejó de sonar. La obra, por tanto, despliega dos momentos característicos con una misma materialidad: al principio oímos golpes de caja y escuchamos golpes de caja; al final (tras la fugaz aparición de la canción original) oímos golpes de caja y escuchamos la canción en su ausencia, siendo esta fricción entre lo presente, lo ausente, lo que se oye y lo que se escucha aquello que marca de manera más relevante el discurso estético de la obra.

En un caso extremo, podemos encontrarnos también con casos de in-materialización total, en los que se pretende generar una experiencia de escucha en ausencia casi completa de sonidos. Se trata de, habitualmen-te, pequeños textos (*text scores*) que, desde su verbalidad, sugestionan al lector-escuchante a generar o imaginar una determinada situación de escucha. Más allá de obviar la escucha, pretenden así acceder hacia lo más profundo de esta: la huella que deja en nosotros tras o a pesar de la materialidad de lo que se oye. Mencionamos en esta línea el proyecto propio *Sound Statements*[17] y el recientemente publicado *Friendly Algo-rithms*, de Artur Vidal, del cual reproducimos la siguiente pieza:

> The Rush Hour
> Listen to the furthest present sound you can hear and a
> remembered sound.
> Put them into perspective.[18]

10. Escuchar y presenciar

Ante una sociedad virtualizada (iconizada), evolución de la época de la reproducción técnica, parece crecer también una clara tendencia a la performatividad, la cual reclama cada vez más la vivencia real de la expe-riencia artística como reivindicación de aquella autenticidad, de aquella aura perdida que enunciaba Benjamin. Más que la fisicidad de la obra en sí como objeto, es el acontecimiento de la obra lo que va a ponerse en primer plano, tal y como constata Erika Fischer-Lichte: «los límites en-tre las diferentes artes se han vuelto cada vez más fluidos, tendiendo a crear, más que obras, acontecimientos».[19] Desde la puesta en valor del acontecimiento, el supuesto antagonismo entre las tendencias perfor-mativas y la desmaterialización que exponíamos más arriba (*escuchar y pensar* o, más aún, *escuchar sin oír*) parece disolverse en su compartida reacción hacia lo efímero, hacia lo anecdótico-irrelevante de lo virtual: la huella de la escucha y la escucha reflexiva parecen así converger con la trascendencia que imprime la obra en quien la presencia al ser experi-mentada como acontecimiento.

Más que un eco de aquel «giro performativo» de las artes plásti-cas en los años sesenta (aunque su puesta en valor pueda estar influida por ello), las actuales tendencias performativas de lo musical suponen, en primera instancia, una toma de conciencia sobre un fenómeno inhe-rente a la música, pero que, en los últimos setenta años, parecía haber quedado minimizado precisamente por la reproductibilidad técnica de su grabación: que la música siempre había sido más que sonidos. De manera parecida al papel desempeñado por las técnicas de grabación en la creación del sonido típico del *rock*,[20] buena parte de la música de nueva creación parece haber estado concebida en este tiempo para que, ante todo, pueda constituirse como fenómeno relevante en la audición de su grabación, relegando así a un segundo plano elementos que solo podían percibirse en su experimentación en vivo. La emergencia y la accesibilidad del registro audiovisual, unidas a sus posibilidades de distribución *online*, han contribuido decididamente a que algunos compositores y compositoras vuelvan a tomar plena conciencia y consideración de aquello que también pasa junto a lo meramente acústico, de todos aquellos elementos contenidos en el acontecimiento en vivo que desaparecen en el registro sonoro de la obra, pero que, en cambio, sí pueden ser aludidos en su documentación audiovisual: junto a la ya citada Jessie Marino, también David Helbich, Íñigo Giner, Jennifer Walshe o Fran Cabeza de Vaca..., todos ellos y ellas plantean propuestas en las que el acontecimiento performativo de lo sonoro adquiere una relevancia más allá del puro estímulo acústico.

Lo performativo implica, ante todo: presencia.[21] Y la presencia, a su vez, implica la capacidad de ver, de escuchar por los oídos, pero también por el resto del cuerpo, de moverse y observar el movimiento, de fatigarse y extenuarse en el acontecimiento; implica también que artistas y espectadores compartamos tiempo y espacio, y que, en este compartir, se trascienda también la (virtual) distancia entre nosotros, así como nuestras preasignadas funciones de creadores y receptores, de productores y observadores.

Alberto Bernal

Compositor y artista sonoro de procedencia clásica y variadas influencias, con trabajos enmarcados cerca del punto de inflexión entre situaciones de concierto y otras disciplinas como la instalación, la *performance* o el videoarte. Su obra es, ante todo, una búsqueda y deconstrucción del límite entre lo estético y lo sociopolítico, así como entre los diferentes ámbitos perceptivos convencionales. Actualmente es codirector del Máster en Composición Electroacústica del CSKG (Madrid) y profesor de Análisis del siglo xx en el Conservatorio Superior de Música de Aragón. Desde 2017 comisaría en Madrid el ciclo VANG.

www.albertobernal.net

Rave

(sustantivo, femenino)

Fiesta ilegal para escuchar música (electrónica) y bailar. El término *rave* no forma parte del diccionario de la Real Academia Española. *No se cobra entrada.* La enumeración de los acontecimientos representa el límite de nuestra capacidad de comprender la realidad. *Lugares clandestinos.* Comunión sin promulgación: todos lo saben. *Cada uno lleva lo que consume.* ¿La totalidad de un hecho es la definición objetivada o la experiencia subjetiva? *Las* raves *son refugios frente a las inclemencias de la vida cotidiana.* ¿Qué es lo que sabe la Real Academia Española? *Para participar no es necesario disponer de prejuicios.* No saber: vivir al otro lado del signo y del significado. *Frenesí sin fin.* Ignorancia académica como plenitud. *PLUR: Peace, Love, Unity, Respect.* Para las Academias futuras: clases para no clasificados.

La música ha estado desde siempre
vinculada al baile. ¿Por qué, entonces, no
podemos bailar siempre en los conciertos?
¿Por qué algunas fiestas tienen música
solo para bailar, sin esperar a que nadie
la escuche detenidamente? ¿Cuál es la
relación actual entre música y baile? ¿Tiene
el baile un potencial político por explorar?
¿Entra en él la música? ¿Cuál?

2.
BAILA Y PROTESTA: NUEVAS DIMENSIONES POLÍTICAS DE LA MÚSICA DE BAILE EN EL SIGLO XXI

Javier Blánquez

«Celebrar fiestas es humano; y creo que solo humano. Las estrellas, los mares, las rocas, los incendios, las plantas y las fieras no celebran fiestas.»

Odo Marquard, *Una pequeña filosofía de la fiesta*

El 12 de mayo de 2018, por la tarde, una multitud se congregó ante el Parlamento de la antigua república soviética de Georgia para organizar una fiesta *rave*. Ese mismo día, al amanecer, la policía había irrumpido en Bassiani y Café Gallery, dos clubes *techno* de la capital, Tiflis, para efectuar una redada que se saldó con varias detenciones, entre ellas las de los dueños de Bassiani, Tato Getia y Zviad Gelbakhiani. La explicación oficial señalaba que en aquellos locales se comerciaba con drogas y que la redada, por tanto, había tenido el objetivo práctico de asustar y capturar a unos cuantos traficantes de poca monta. Pero los registros oficiales del Ministerio del Interior de Georgia demostraban que, si bien algunos *dealers* habían acabado en dependencias policiales, eso había sucedido de hecho un día antes, el viernes, y sin tanto aparato. Cuando la policía entró en los clubes, en realidad ya no había nadie más a quien detener, pero sí mucha gente a la que convenía seguir asustando.

La explicación de los hechos que encontró la masa que montó aquella fiesta ante el Parlamento, y que se prolongó durante un par de días, era distinta: la noche es subversiva y el espacio de libertad que se abre en plena madrugada, cuando la gente se reúne para bailar, es algo que inquieta al poder establecido y que motiva tanto rechazo como afán de control. La interpretación es sostenible porque no es nueva en absoluto. Sirva el ejemplo de la música disco en la década de los setenta, que después de disfrutar de varios años de enorme popularidad y de situar infinidad de canciones en las listas de *singles* más vendidos en Estados Unidos, cayó en desgracia cuando una minoría intolerante empezó a demonizarla por decadente, homosexual y libidinosa. O el de la aprobación por parte del Parlamento británico, en 1994, de una ley —la conocida como *Criminal Justice and Public Order Act*— que prohibía la reunión de personas en espacios abiertos en un número superior a veinte para bailar «música con ritmos repetitivos».[1]

Bailar, desde el origen de la cultura humana, siempre ha sido un acto dionisíaco. Con el baile buscamos el placer, un estímulo a partir de una respuesta física ante el sonido. Es a través del baile, por lo tanto, como canalizamos y acumulamos energía, liberamos endorfinas y nos transformamos. Con el paso del tiempo, el baile se fue depurando en un arte, en una expresión reglada y en una expresión intelectual acerca del cuerpo, que es a lo que llamamos *danza*, pero ni siquiera así se ha modificado una cualidad inseparable del acto de bailar, y es que el baile otorga poder tanto al individuo como a la colectividad, además de convertir el hecho de bailar, más allá de su búsqueda activa del placer, en un acto político. Con el baile perseguimos una suerte de emancipación, la separación de cuerpo y mente —que también experimenta un proceso reversible y provoca una unión más estrecha entre lo físico y lo intelectual—; por tanto, lo que busca es la liberación personal y, por extensión, la del grupo. El baile se da cuando hay una reunión de personas, y una reunión es otra forma de llamar a las manifestaciones. No es un gesto inocente, sino la emisión firme de un mensaje que claramente busca un receptor.

El mensaje que quería transmitir la *rave* de Tiflis es que no había pasado por alto la intención oculta que había detrás de aquellas redadas, y que la comunidad *clubber* no estaba dispuesta a dejarse intimidar ni a retroceder en su ejercicio de la libertad. Por si fuera poco, y una vez más, como tantas veces había sucedido en la historia social del baile, en esa concentración se estaba escenificando también una reivindicación colectiva, una de las más importantes de este siglo: la reclamación de la escena LGTBI de espacios seguros en los que convivir en paz y de un muro de contención contra la homofobia. Durante la concentración ante el Parlamento de Georgia, algún que otro grupo de extrema derecha estuvo merodeando para provocar y buscar pelea, mientras los congregados ondeaban banderas arcoíris y rescataban el viejo lema de la escena *rave* inglesa de principios de los noventa, el acrónimo de «paz, libertad, unidad y respeto»: PLUR.

***

El poder siempre ha buscado controlar la noche, al menos en términos equivalentes a aquellos con los que se pone orden durante el día, que son la ley y la coerción. En la noche, en cambio, tenía también una fuerte incidencia la religión: desde épocas pasadas, la noche ha estado vinculada al ritual y a la acción mágica, a la conexión con lo divino y lo inexplicable. Es de la religión de donde han emanado las festividades —desde una saturnal a la Semana Santa, siempre vinculadas a los equinoccios o a los ciclos de la luna—, y aunque fuera a través de un *soft power* de convenciones culturales aceptadas y convertidas en tradición, la noche también tenía unas normas que dejaban un pequeño resquicio de laxitud para que volvieran algunos usos y costumbres de tiempos pretéritos en los que aún regía el ritual pagano. Cuando la escena *rave* comenzó a vibrar y a extenderse por toda Europa hace tres décadas, no solo se rescató el recuerdo de las bacanales *hippies* del verano del amor del 67, sino también la noción de lo tribal y lo ritual. Era una forma de negar a Dios y el control, de mostrar desafecto hacia la religión y el Estado.

Suele atribuirse a Luis XIV, el monarca de Francia del siglo XVII, la codificación moderna de la noche desde el ejercicio del poder absoluto. El sobrenombre de Rey Sol, con el que todavía hoy es conocido, tiene su origen en la ropa brillante y el maquillaje dorado que cubría su rostro cuando se ejercitaba en largas sesiones de danza en Versalles, acompañando a su compositor de la corte —y consumado bailarín—, el arribista de origen italiano Jean-Baptiste Lully. De manera periódica, y en las noches de danza, Luis XIV abría un paréntesis en la realidad política y, durante las horas en las que el sol se había puesto, emergía como otro sol que, al ritmo de la música, iluminaba el Estado en tanto que máquina que funcionaba sin descanso y de una manera eficiente a todas horas. Además de inventar el concepto de *after hours* —vulgarmente dicho «pajareo»— varios siglos antes de que prolongar el horario de apertura de las discotecas fuera una práctica común, pues la fiesta solo terminaba cuando el sol del cielo le tomaba el relevo al sol de la tierra, Luis XIV buscaba también la manera de expresar que nada escapaba al control del poder y que, incluso durante la noche, había una magistratura superior que, aunque fuera desde el placer, regía sobre las vidas de los súbditos.

Desde entonces, el ocio nocturno se ha ido desarrollando a partir de esa doble coyuntura: sometido a un intento de control por parte de la autoridad —que interviene con reglamentaciones y con patrullas policiales—, pero siendo lo suficientemente líquido y escurridizo para que se filtre una cierta anarquía, pues durante la noche la actividad se detiene y es en el trasnochar cuando aflora la disidencia que termina abriendo grietas de libertad. Con la excepción quizá de experiencias como la de la ópera —sobre todo a partir del siglo XVIII, cuando en los teatros de Venecia y París, tenue, tibiamente iluminados por las velas, se cerraban negocios de dudosa catadura, se urdían conspiraciones y los caballeros como Giacomo Casanova conquistaban sin mayor problema a las damas más libidinosas y predispuestas al sexo—, la noche ha sido durante décadas un refugio de marginales, mientras que la vida —y, por tanto, la música— sucedía durante el día, en las iglesias, en las cortes y en los campos.

Si el ejemplo del Rey Sol nos indica que conceptos supuestamente modernos, como el de la fiesta más allá del amanecer, son más antiguos de lo que nos parece, también el festival de música, que se ha consolidado como el vehículo de negocio más importante para la industria musical en este siglo, se remonta hasta el declive del Antiguo Régimen. A principios del siglo XIX, en las afueras de Viena, se presentaban programas sinfónicos abiertos a todo el pueblo en espacios naturales, a la orilla de los ríos y de los lagos, o en los valles verdes. Era la manera que tenía el público, más numeroso, porque el espacio era claramente mayor que el de un salón privado o una de esas plazas en las que Mozart solía presentar, previo pago, uno de sus nuevos conciertos para piano y orquesta, de poder conocer una nueva sinfonía de Beethoven.

Ahora bien, un festival popular vienés de 1819 poco tiene que ver con la nueva edición de un festival como Sónar. Tampoco parte de la misma premisa que las noches blancas del rey de Francia; no son conceptos comparables en cuanto a quiebra de conceptos establecidos, aunque ya caducos, de moral y buenas costumbres, con las que cada fin de semana se desarrollan en el club berlinés Berghain, señalado casi de manera unánime y desde hace quince años como la mayor expresión de vanguardia —no solo en cuanto a sonidos y ritmos dentro de los cauces del *techno* y el *house*, sino también en cuanto a políticas inclusivas en su ecosistema social interior— del Occidente desarrollado.

Hilando muy fino, podríamos buscar similitudes y contrastes interesantes; por ejemplo, que en Berghain se han desarrollado espectáculos de *ballet* contemporáneo, como *Shut Up and Dance!* (2007), *MASSE* (2013) y *Bodylanguage* (2015) —interpretados por el Staatsballett de Berlín entre función y función de Giselle—, a partir de música electrónica creada por productores como Luciano, Luke Slater o NSI, y que han desarrollado un diálogo entre el baile como subversión y la danza como arte burgués, que son dos conceptos que raramente se mezclan. La excepción más feliz e importante de la historia en la que la danza ha sido escandalosa sería el archisabido estreno de *Le sacre du printemps* (1913) de Igor Stravinsky en el Théâtre des Champs-Élysées de París, cuando el público profirió todo tipo de imprecaciones y casi se amotina ante el ritual salvaje de la coreografía antigravitatoria de Nijinsky y la brutal alteración rítmica de la partitura.[2] En cualquier caso, el surgimiento del *clubbing* moderno, el fenómeno de las discotecas y de las *raves* parte de un principio de resistencia blanda ante los mecanismos de control del estado burgués, que en el siglo XIX aún era una rareza y, a principios del siglo XX, todavía una realidad inmadura que necesitaba de un último factor para consolidarse, que era el ascenso del capitalismo a una fase superior de su evolución.

***

Si los poderes tradicionales han sido la Iglesia, el Ejército y el Estado, en las últimas décadas habría que añadir otro más —que quizá no merezca una mayúscula, pero sí un claro reconocimiento por su incidencia insoslayable y sutil—, que es el mercado. El desarrollo de la música popular en el siglo XX ha dependido profundamente de los cambios en el sistema de producción, distribución y consumo de bienes culturales, representado en especial en la posibilidad de grabar la música y venderla, y ese proceso no ha dejado de intensificarse y acelerarse hasta hoy. En un principio, los ingresos derivados de la música se canalizaban a través de la venta de partituras —en el tejido de teatros de *music hall* de Broadway, por ejemplo, se llegaron a despachar más de un millón de impresiones de más de una canción *novelty*— y más tarde, con el posterior desarrollo de la industria discográfica, un atisbo —mediante la grabación inicial de arias de ópera y tonadillas populares— de la gran maquinaria empresarial que comenzaría a crecer de manera gigantesca en los años cincuenta, cuando el surgimiento del *rock'n'roll* —que no dejaba de ser una subcultura de baile en su origen, otra liberación dionisíaca de la juventud emergente— estuvo emparejado a la formación de una nueva franja de edad, la del adolescente que dilata su entrada en el mercado laboral o en la maternidad gracias a (o por culpa de) los estudios, y que desarrollaba en el ínterin necesidades de consumo para las que el mercado ofrecía soluciones en forma de coches, ropa a la moda, brillantina y *singles* en vinilo, domesticando así a las pandillas rebeldes y delincuentes representadas en musicales como el inagotable *West Side Story* de Leonard Bernstein.

De manera imperceptible, pues, el mercado había empezado a controlar el ocio —del que la noche empezaba a formar parte indisoluble—, de la misma manera en que lo estaba haciendo la política y, todavía aún, la Iglesia en aquellas sociedades aún marcadas por un cierto puritanismo. Y de la misma forma en que el control se intenta ejercer de forma discreta, la resistencia ante el control se canaliza por diferentes vías, algunas perfectamente conocidas y otras novedosas. Cuando se relata el estallido de los movimientos contraculturales de finales de la década de los sesenta —que incluyen la curiosidad por las drogas psicodélicas, las enseñanzas espirituales llegadas de Oriente, la poesía *beat*, el pacifismo, la revolución sexual y la vaga idea de una organización colectivista de la sociedad, encarnado todo ello en el movimiento *hippie*— raramente se incluye, en esta relación de fisuras en el orden natural de las cosas, el nacimiento de las discotecas. Y es un aspecto interesante, porque mientras en la actualidad la mayoría de los principios de acción de la rebelión *hippie* han quedado obsoletos, o han encontrado su cauce ordenado en el debate político —el feminismo recogió la lucha por la liberación sexual y la emancipación del cuerpo, mientras que el punk heredó la oposición contra la tiranía del mercado y la seducción de la anarquía o la autogestión a través de la idea de hazlo-tú-mismo—, el *clubbing* supo encauzar una forma de rebeldía juvenil también prolongada en el tiempo y sutilmente más peligrosa para el poder.

Quizá porque las discotecas abrían de noche, mientras el resto del mundo dormía. Y también porque las sombras daban cobijo a varios colectivos desplazados del centro de la acción política, algunos todavía sometidos a represión, escarnio o acoso, y era en la clandestinidad donde se estrechaban los lazos de las comunidades. Las discotecas de principios de los años setenta, las que incubaron el fenómeno disco, eran inicialmente fraternidades casi clandestinas para quienes aún portaban el estigma de ser negros —o latinos— y, para más inri, homosexuales. A la luz del día, el hombre negro gay era un ciudadano con todos sus derechos reconocidos, pero en inferioridad de condiciones en la aplicación práctica de los reglamentos, vigilado por la policía, sospechoso de todo en caso de duda, ridiculizado por su raza y humillado por su condición sexual, si es que tenía valor de visibilizarla. Por la noche, en cambio, la discoteca creaba nuevas familias y espacios de protección ante el exterior en los que se podía respirar libertad durante unas horas, siempre y cuando no hubiera visitas inesperadas —otra redada policial, esta vez el 28 de junio de 1969, irrumpió en el club gay Stonewall Inn de Nueva York, en pleno SoHo, y el operativo acabó en disturbios; hoy, esa efeméride, y desde hace cincuenta años, es la que conmemora el Día del Orgullo—. Ahora que uno de los conceptos estrella del *clubbing* —al menos durante el final de la segunda década del siglo, y quizá en el arranque de la siguiente— es la delimitación de «espacios seguros» —contra el acoso sexual, contra la homofobia y otras expresiones de odio hacia la diferencia— habría que matizar que esa búsqueda de la seguridad es un anhelo antiguo. Y aunque la historia épica de la música disco a veces le haya dado más relevancia a clubes como Studio 54 que a The Gallery o Paradise Garage, incidiendo más en la relativa importancia de la fantasía de movilidad social ascendente que representaba aquella discoteca con masiva presencia de famosos y excesos con la cocaína, lo que de verdad ha quedado —y se ha adaptado a tiempos posteriores— era lo que palpitaba en el *underground* gay: la inventiva musical, el desarrollo crucial que tuvo el disco en la creación de la figura artística del DJ moderno y los vínculos sociales paralelos que se han ido tejiendo en esas catacumbas del placer, y que resuenan en la escena gay del after-punk en Londres, en el nacimiento del *house* en Chicago y en la consolidación del mito hedonista de Ibiza, la antesala de la explosión *rave*.

Aquel fenómeno que se dio en Gran Bretaña entre 1988 y 1994, que llegó a movilizar hasta multitudes de más de 50.000 personas en espacios abiertos o abandonados en las afueras de Londres para bailar durante días —y que se atemperó abruptamente tras la intervención de la Cámara de los Comunes y dictar aquella ley claramente coercitiva antes mencionada—, implicaba, más allá del simple disfrute, una reclamación de libertad. Y es que las fiestas sin licencia que se organizaban en cuestión de horas en cualquier valle perdido de la campiña, y a las que la gente llegaba tras descifrar mensajes en clave y cruzando metas volantes donde se les proporcionaban nuevas pistas para alcanzar su destino, implicaban varios desafíos de entidad. El primero suponía un avance en la conquista del tiempo nocturno —en la lógica capitalista, el día es para producir y la noche para descansar, y el ocio está tácitamente reglado—, y en segundo lugar una reivindicación de un nuevo uso de los espacios públicos. Una *rave*, y en particular las conocidas como *free parties* —donde no se cobraba entrada, y por unas horas se ensayaba una organización social en horizontal, comunal, con ecos de la utopía *hippie*, pero cambiando el LSD por el MDMA—, eran como una plaga de langostas, que llegaban a un campo y lo arrasaban con su energía alimentada por *acid house*, *hardcore* y trance envolvente.

Desde entonces, y no solo en Gran Bretaña, el poder se vio obligado a intervenir para controlar una situación nueva que, si bien podía ser manejable, no resultaba del todo conveniente que fuera más allá. El Parlamento británico cortó por lo sano la proliferación de las reuniones espontáneas de masas —por tanto, obligó a que las *raves* se doblegaran a convertirse en festivales con un perímetro delimitador, con publicidad por adelantado y pagando los impuestos correspondientes—, limitando así el margen ancho de libertad para encauzarlas por la vereda del mercado. En efecto, la *rave* demostró que podía ser una actividad de autogestión, alternativa al modelo capitalista, en la que no tenían por qué obtener tajada ni los distribuidores de *merchandising* oficial ni los suministradores de alcohol. Por supuesto, también tenía sus carencias en controles sanitarios, seguridad y otros aspectos; nadie dijo que el modelo de la *rave* libre de principios de los noventa fuera perfecto. Pero, definitivamente, demostró que había una alternativa.

El contraste se confirma si comparamos el fenómeno *rave* inglés tras el segundo verano del amor, el de 1988, y el renacer de esa misma idea en los Estados Unidos de la última recesión económica, la que emerge a partir del año 2008. La escena/género conocida como EDM —acrónimo de *Electronic Dance Music*, que es como los americanos identifican a toda la música electrónica de baile que se rige por un principio de impacto, explosividad y energía de tradición rockista, más un formato cercano al de los estándares de la canción pop o *heavy metal*— fue la que protagonizó el éxito tardío de la cultura *dance* en las grandes ciudades americanas, prácticamente proscrita para el *mainstream* desde, al menos, la caída en desgracia de la música disco a finales de los setenta. Sin embargo, la EDM ya no seguía ningún patrón inconformista, ni era un refugio de minorías sometidas a un mayor o menor grado de *bullying*, sino que era un negocio: las estrellas de la EDM, como Calvin Harris, David Guetta, Skrillex o el fallecido Avicii, respondían al mismo perfil de estrella en el *show business* que los ídolos del cine y el pop, o sea, que Leonardo DiCaprio o Justin Bieber. Los festivales EDM —que era una manera aseada de llamar a la *rave*, exenta ahora de toda la carga peyorativa del concepto— eran espacios seguros sobre todo para las marcas y la industria del estilo —Samsung, H&M, Supreme, Apple, Netflix, Budweiser, Adidas—, que patrocinaban e insertaban su publicidad sin que a nadie le chirriara el bombardeo, como tampoco a nadie hoy en día le desestabiliza encontrarse con un anuncio antes de un vídeo de YouTube o el encarte de un reloj de lujo en los programas de ópera.

***

Para el crítico Tim Rutherford-Johnson, en su ensayo *Music After the Fall*, la música del siglo XXI puede entenderse a través de la idea de trauma.[3] Es decir, de cambio profundo y doloroso en todos los aspectos de nuestra vida, del mismo modo en que en el XX prevalecieron ciertas ideas de rupturas formales en el arte y la posibilidad de grabar el sonido y, mediante la tecnología, transformar la naturaleza del arte. Esa noción apuntada por Rutherford-Johnson se manifestaría en seis frentes distintos pero entrelazados: la irrupción de Internet, la globalización, la digitalización del mundo, la liberalización social, la fase avanzada del capitalismo y las políticas ecológicas. Es un marco útil, porque a partir de esas guías podemos abordar simultáneamente a figuras tan dispares como el compositor posminimalista John Luther Adams, cuyo trabajo se basa en la naturaleza polar y la amenaza del calentamiento global; Cardi B, la estrella femenina del *trap*, que encarna una nueva vuelta de tuerca en la exhibición del lujo y la feminidad dominante, o Arca, la figura más escurridiza de la música electrónica experimental, de género impreciso a la vez que activista de los derechos de la comunidad *queer*. También permite algo tan útil como reunir todas las músicas del presente en un océano de variantes que, lejos de estresarnos —que sería la primera reacción—, debemos empezar a aceptar como una inagotable inmensidad líquida aumentada por la irrupción del espacio digital, en la que cada vez son menos útiles las categorías estancas en beneficio de la imagen panorámica de conjunto, y de ese modo podemos limar aún más la distancia entre la tradición occidental y la infinita ristra de evoluciones de la música afroamericana que han caracterizado la música moderna proveniente de Estados Unidos. Metodológicamente tiene sus complicaciones, pero libera la mente: hay que empezar a asumir que la música del siglo XXI implica la coexistencia de todos los planos temporales, geográficos, armónicos, rítmicos y estéticos en un presente infinitamente multiplicado por la existencia del entorno digital.

Ninguno de los seis vectores de Rutherford-Johnson se nos antoja más importante que los demás, aunque en el contexto de este capítulo habría que incidir, sobre todo, en la liberalización de las relaciones. En un periodo de la historia occidental en el que todavía no se han terminado de conquistar plenamente varias reivindicaciones sociales, y en el que no dejan de surgir nuevos retos y escenarios posibles de futuro —por ejemplo, ¿deberían pagar impuestos los robots?—, la música más interesante de nuestro tiempo está sirviendo de vehículo, principalmente desde la escena *clubber*, para sostener luchas por los valores de la democracia —o sea, de su refuerzo, en una época de auge de las respuestas populistas a problemas altamente complejos, o de su introducción allí donde no había existido, como en el intento frustrado de la Primavera Árabe—, así como por la igualdad *de facto* entre las personas y la no discriminación de ciertos colectivos, pues al fin y al cabo es uno de los principios de la democracia liberal: la protección de las minorías.

Como bien indicaba el DJ y periodista Ewan Pearson en el hermoso epílogo que cerraba el libro que un servidor publicó en 2018, *Loops 2: Una historia de la música electrónica en el siglo* XXI, los clubes *underground* son, a día de hoy, uno de los pocos espacios en los que aún se piensa y se sueña en la utopía, en una organización social tolerante, positiva, abierta al futuro y a la riqueza de enfoques y valores que implica la diversidad.[4] En los últimos años, y como respuesta a la invasión feroz con la que las marcas y los patrocinios han ocupado el circuito mayoritario de festivales y recreos de verano como el de los grandes clubes de Ibiza o Las Vegas, el *underground* electrónico ha basado su naturaleza progresiva, una vez más, en ser el espacio de acogida para la diferencia y la disidencia: una vez normalizado el circuito exclusivamente gay, del cual Berghain, en Berlín, es el gran templo moderno, clubes como Spectrum en Nueva York o Pxssy Palace en Londres, han sido, durante toda la última década, el altavoz de las últimas corrientes de la abstracción *dance* —colisiones entre IDM, noise y R&B, fricciones entre el *house* y el espectro más hiriente del pop— para una clientela que se define como de género fluido, no binaria, mayoritariamente femenina, trans o diversa en razas y extracciones sociales. Cuando se apagan las luces, y los cuerpos se mueven, no hay diferencias: todos regresamos a nuestro ser primitivo, a la pulsión instintiva que, desde la prehistoria hasta hoy, interpreta la música como una forma de liberación.

«El Spectrum, en su ínfima medida, no era un lugar que representara de una forma consciente un intento de comunidad perfeccionada, sino una comunidad que existía y se desarrollaba conforme a las contradicciones que acompañaban a las diferencias de raza, clase, género e identificación que se plasmaban en las caras a mi alrededor», escribe Andrew Durbin en su novela *MacArthur Park* (2017), cuya acción discurre en parte en el club de Nueva York que lideró la reacción subterránea —y, por tanto, opuesta a la mercantilización del *mainstream*— en la música de baile americana, además de impulsar una nueva ola de *clubbing queer*.[5] Prosigue Durbin: «Cada una un demonio en sí misma, una antítesis de cualquiera que viviera en la superficie, cada una un agente que transportaba noticias entre esos mundos, entre la oficina y la discoteca o el café, entre el apartamento o el trabajo y la falta de trabajo o el sexo y el trabajo sexual, y cada cual seguramente percibía que esas distinciones al fin y al cabo carecían de todo sentido, por lo menos tal y como se vivían y comprendían en nuestro Abadón, en nuestra ciudad de los demonios, en Nueva York».[6]

Bailar es una válvula de escape, pero no únicamente como una forma de destensar los rigores de la vida cotidiana —familia, relaciones, trabajo, salud, falta de dinero—, sino de relacionarse con el mundo y sus contradicciones en un momento de cambios veloces de los que aún no intuimos el desenlace. En ese aspecto, la música de baile moderna funciona conceptualmente a varios niveles, lo que le proporciona una interesante carga de profundidad y significado solo con la disposición de las texturas, y no necesariamente de los textos, pues no suele haber letra, sino ritmo: en la pista de baile, cuerpo y mente se disocian, la mente se queda en blanco y el cuerpo se carga de energía. Y una vez ocurre eso, lo interesante es ver hacia dónde se puede dirigir ese poder concentrado en un espacio vibrante. Si no se dirige a ninguna parte, es energía desperdiciada, como dejarse una luz encendida en casa cuando nos vamos un mes de vacaciones —a principios de 2019, el productor y DJ techno DVS1 cargó duramente contra el circuito mundial de festivales por haberse convertido en un bazar de euforias evanescentes en el que no quedaba nada de la vieja cultura de club, donde lo importante no era el club, sino la cultura (relaciones, acciones, marco de significado trascendente) que allí se daba—.

Pero, si la energía se concentra y lo único que falta es una chispa que haga que todo explote, ahí puede estar el momento que propicie un cambio, el primer movimiento de una reacción en cadena. En junio de 2015, mientras actuaba en el festival Sónar de Barcelona, la artista

Holly Herndon consiguió prender esa mecha con un simple mensaje de texto. Su concierto proponía una reflexión sobre Internet como canal de comunicación en tiempos líquidos: su música se producía a partir de la traducción en sonidos de bloques de texto —y no unos textos cualesquiera, sino menciones al 15-M y a la alcaldesa de Barcelona, Ada Colau, que solo un año antes había ganado las elecciones municipales con una plataforma independiente que proponía un cambio en la jerarquía del poder local—, y el público podía enviar sus comentarios y sus propuestas vía SMS. De repente, en la pantalla aparece este mensaje: «¿Cuál es la información más sexi que jamás hayas procesado?» [confesión: lo envié yo], e inmediatamente apareció esta respuesta: «Lo será cuando decidáis dejar de estar sentados». De repente, el público se levantó en gran número de sus asientos y se puso a bailar. ¿Cambió el mundo? Quizá no, pero en aquel momento pareció que algo podía suceder, aunque fuera una mínima transformación interior en una muestra parcial de individuos. Quizá lo haya hecho, y aún no nos hemos dado cuenta. Un famoso grupo *hardcore* inglés de la primera ola *rave* tenía el nombre de Shut Up and Dance («Cállate y Baila»), pero hoy podría llamarse de otra manera, y mientras sigue invitando a bailar, anima también a decir lo que se piensa. Baila y protesta. Del mismo modo en que los antiguos encontraban la verdad en el vino, nosotros tenemos la opción, y seguramente la necesidad, de comprender las nuevas realidades del mundo en la embriaguez del baile. Suena a disparate, pero no lo es. Porque, mientras la música se fragmenta en millones de microescenas e hibridaciones en el ancho océano del *underground online*, un significado potente emerge de ese caos: es el momento de luchar por ser libres, y si ya nos sentimos libres, por serlo todavía más, hasta que la conquista de la libertad sea absoluta y el amor prevalezca sobre el odio.

Javier Blánquez

Periodista cultural, editor y profesor de historia de la música moderna. Colabora en diferentes medios de comunicación —*El Mundo, Time Out Barcelona, Port*— y con la editorial barcelonesa Alpha Decay. Ha coordinado para Reservoir Books el libro colectivo *Loops: Una historia de la música electrónica* (2002 y 2018), junto a Omar Morera, y en 2018 publicó su continuación, *Loops 2*, esta vez escrita en solitario. Fruto de su interés por la música clásica, ejerce también la crítica de ópera en el diario *El Mundo* y publicó en 2014 el ensayo *Una invasión silenciosa* en Capitán Swing.

Queer
(sustantivo, adjetivo, sin género)

Esa promesa en la que haya espacios
y tiempos en los que se pueda ser sin temor.
La resistencia al catálogo, al límite.
La eliminación de las jerarquías. Volver a
empezar el juego de las no-definiciones revela
las ficciones sobre las que se construye
la identidad.

Addendum
En Latinoamérica ya no se dice *queer*, sino "cuir".

Desde que el feminismo y la teoría *queer* han irrumpido en la teoría musical, se nos ha permitido pensar la música poniendo en jaque sus presupuestos. Ya no podemos hablar de la música como un "lenguaje universal" neutral, sino que cabe exponer todo el entramado ideológico que ha propiciado que se defina de una manera y no de otra.

3. ROMPER EL CANON ES TAMBIÉN ROMPER TUS PREJUICIOS: MÚSICA *QUEER*, FEMINISMO Y LUCHA EN LA MÚSICA ACTUAL

Eloy V. Palazón

Varias de las escenas que vertebran el discurso fílmico de *120 battements par minute* (*120 pulsaciones por minuto,* Robin Campillo, 2017), película que narra las acciones de los activistas de Act-Up Paris durante la crisis del sida, ocurren dentro de un club, donde los cuerpos, diezmados por el avance del virus del VIH y ya en fase final de sida, bailan, sudan y se refugian del opresivo y reaccionario clima del exterior. La película toma como *leitmotiv* el éxito de junio de 1984 del trío británico de pop sintético Bronski Beat, *Smalltown Boy,* un himno gay del momento en cuyo videoclip se veía, entre otras cosas, una agresión homófoba. Lo interesante de esta escena recurrente dentro del club es, por un lado, que apunta de forma clara a la relación entre lo *queer* y la música, donde el papel del baile y lo corporal no puede obviarse, y, por otro lado, muestra la importancia de los espacios específicos de sociabilidad gay, a modo de refugio donde cada uno se podía expresar con libertad. Pero, además, estas escenas representan el momento de inflexión en el que la fiesta gay entra en una fase de coma que se extendió durante más de una década, y que revivió de forma transformada a finales de los años noventa. En la década de 1980, el paisaje sonoro de la comunidad gay cambió notablemente, pasando de la música *dance* o *techno* de los clubs nocturnos y las *raves* a las proclamas activistas que reclamaban una asistencia sanitaria universal y un gobierno que se ocupara de las víctimas de la epidemia del sida que estaba asolando al colectivo.

Este texto tiene como principal propósito el sobrevolar varias de las líneas de conexión que se pueden trazar entre la música y lo *queer*. Cada una de ellas bien merecería amplios artículos, pero en este texto se van a dar pinceladas para comprender el mapa general de conexiones. Y aun así, obviamente, no se cuentan todas aquí. Esta es, pues, una propuesta de comprensión de algo así como una música *queer*.

1. ¿Existe la música *queer*? Trazando conexiones entre música y lo gay/*queer*

La página web everynoise.com asegura haber delineado el mapa de todas las músicas habidas y por haber en la historia del arte de los sonidos.[1] Una lista de 2.772 estilos musicales desde la música medieval (algo que se supone que abarca desde el canto gregoriano a la música profana, ya que en esa lista no aparecen como tal) al *postgrunge*, *hip hop* de Miami o el *emo*, pero que, sorprendentemente o no, carece de una categoría para lo que podría llamarse música *queer*.

Lo cierto es que la música *queer*, *a priori*, podría decirse que no existe. En las artes visuales o las artes de *performance* más unidas a la expresión del cuerpo,[2] el arte *queer* tendría que ver con cierta desarticulación de lo normativo, con cierta desestructuración de lo familiar y lo socialmente asumido. Un arte que gira en torno a lo indefinible que es en sí misma la palabra *queer*. Como tal, es un concepto resbaladizo, pero si intentamos clarificar o aproximarnos al significado de lo *queer*, podríamos catalogar cierta música bajo el paraguas de lo *queer*. Lo *queer*, según Paul B. Preciado, «no parecía tanto definir una cualidad del objeto al que se refería, como indicar la incapacidad del sujeto que habla de encontrar una categoría en el ámbito de la representación que se ajuste a la complejidad de lo que pretende definir [...]. Lo que de algún modo equivale a decir: aquello que llamo "queer" supone un problema para mi sistema de representación, resulta una perturbación, una vibración extraña en mi campo de visibilidad que debe ser marcada con la injuria».[3] Por lo tanto, lo *queer* expresa una imposibilidad de definición y una resistencia a las normas de jerarquización, delimitación y catalogación.

Podemos, pues, pensar desde esta interpretación de la palabra y entender que la música *queer* sería aquella que desestructura los elementos sintácticos que históricamente han configurado la música, es decir, como una intervención en el objeto artístico. No obstante, esta definición se queda corta si queremos atender a todas las ramificaciones que conectan lo *queer* con las artes del sonido. Desde una perspectiva más amplia, la música *queer* pretende desidentificar al sujeto de las dimensiones sonoras y auditivas (de escucha) que normalmente estructuran el discurso musical.

Cabría preguntarse si la música produce algo así como identificación. Podríamos pensar que eso solo ocurre con las imágenes, es decir, que las imágenes promueven efectos de identificación, más allá de lo que ellas representan. No obstante, si el concepto de identificación está íntimamente relacionado con el de identidad, a saber, los atributos con los que una persona se define a sí misma, entonces se puede decir que toda música que se genera en torno a una identidad es a causa de cierto tipo de identificación. Por ejemplo, la música llamada *clásica* y el pensamiento burgués han ido, a lo largo de la historia, bastante emparentados. El punk de los años setenta iba acompañado, entre otros, de estilos de moda y de una ideología[4] muy particulares, o el *techno* de Detroit y Chicago o el *hip hop* de Nueva York de los años ochenta estaban intrínsecamente relacionados con las comunidades latinas y afroamericanas. Así como la identificación, en el caso de la imagen, viene en gran medida marcada por los modos de ver, utilizando la expresión de John Berger, en la música la identificación viene por las formas de corporalización y escucha que estas incorporan. Es decir, la identificación musical o sonora supone cierta alineación entre cuerpo, escucha y sonido.

Esta explicación bastante general y poco precisa es suficiente para captar el concepto de desidentificación que he deslizado sin definir anteriormente. Desidentificación no es una simple estrategia metodológica a través de la cual uno o una se opone a los procesos de identificación por los medios con los que lo «normal» se establece. La desidentificación es un proceso que pone en evidencia las ficciones sobre las que se fundamentan las identidades (incluida la gay y la lesbiana). Tal y como lo define José Esteban Muñoz, «desidentificación es la *performance* hermenéutica mediante la cual se decodifica la alta cultura y la cultura de masas desde la perspectiva del sujeto de una minoría que es desempoderado en tal jerarquía representativa».[5] Precisamente, desidentificación es el mecanismo performativo a través del cual se problematiza la identificación.

Pero mientras que lo *queer* trabaja en este empeño por desnaturalizar lo identitario, lo gay y lo lesbiano ponen en marcha el proceso opuesto, a saber, la solidificación de una identidad cada vez más definida y aislada.

Si existe la música *queer* o la música gay y lesbiana no es algo que sea objeto de este artículo, pero para trazar las relaciones entre la música y lo *queer*/gay/lesbiano era preciso preguntarnos, en primer lugar, si algo como tal existía y, en segundo lugar, entender de forma sucinta la base teórica sobre la que se va a sustentar este artículo. La intención aquí no es tanto profundizar en un aspecto de la música *queer*, sino presentar un panorama amplio de esa relación que se ha trazado en esta introducción. Lo que se quiere mostrar aquí son diferentes estrategias que han configurado una unión entre la música y lo gay.

2. El petardeo y las divas: identificación y la música gay como apropiacionismo

La revuelta de Stonewall de finales de 1969, evento que se considera erróneamente como el originario de la lucha por los derechos del colectivo de gais, lesbianas y trans y que se conmemora todos los años con el Orgullo Gay, se debió al hartazgo del colectivo por el acoso policial que sufría repetidamente en los locales de la zona. Los mitos en torno a ese evento cuentan que, además del bajo número de efectivos policiales que se presentaron en el bar, el colectivo estaba en un especial luto debido a la muerte de la cantante y actriz Judy Garland. Esto, como ya se ha dicho al principio, no es más que un mito, pero nos sirve para entender mucho sobre la relación entre música y lo *queer*. Stonewall no habría sido posible sin muchos otros elementos contextuales que hicieron que la insoportable situación de hostigamiento estallara en la revuelta. No obstante, resulta destacable en este caso el ensalzamiento de la figura de Judy Garland. Alguien que, por cierto, sigue estando muy presente dentro del imaginario colectivo de gais y lesbianas. Ejemplo de ello es el programa dedicado a ella en la última temporada, la de 2019, de *RuPaul's Drag Race All Stars*, un concurso televisivo de *drag queens* en Estados Unidos, donde los concursantes tenían que hacer una caracterización inspirada en ella.

Lo que cabe preguntarse aquí es ¿qué hay de gay en canciones como *A Star Is Born, I Could Go on Singing* o *Somewhere over the Rainbow*? Tal vez nada, pero la lógica de que esto se pueda pensar como música con la que el colectivo gay se identifica va, en muchos aspectos, más allá de lo musical y de las letras de las canciones. Lo relevante de este punto es que la relación entre la música y lo gay sobrepasa las características del objeto musical y el peso recae en el espacio de la recepción.

A Star Is Born, la película de 1954 protagonizada por Judy Garland y dirigida por George Cukor, vivió una tercera vida[6] en la voz de Barbra Streisand en 1976 y una cuarta en la figura de Lady Gaga en el año 2018. Curiosamente o no, las tres han sido y son mitos gais. Y es que he aquí la cuestión del asunto en este ámbito de la música. Gran parte del pop musical que se asocia con el colectivo tiene una intrínseca relación con el concepto de estrella o diva, algo que no pasa en otros ámbitos del arte como pueda ser el cine, donde el peso de las estrellas es bastante considerable también, pero cuyas figuras no son apropiadas por el colectivo de la misma manera. Dichas películas son historias de personas que, contra todas las circunstancias desfavorables, salen adelante y triunfan en un mundo hostil para ellas, primero por ser mujeres en el mundo de la música, dominado por hombres, y segundo por, además, presentar físicos que se salen de la belleza estándar (tanto Barbra Streisand como Lady Gaga enfatizan su rara nariz como inconveniente para triunfar). A pesar de eso, ellas, luchadoras en un campo de batalla donde todo parece perdido, salen adelante y prevalecen.

Estrellas del pop, ya no solo en el sentido musical sino también en el del *marketing*, como Garland, Streisand o Gaga, no son más que tres de los nombres de una larga lista de cantantes que el colectivo ha redefinido mediante la apropiación: Billie Holiday, Britney Spears, Madonna, Katy Perry, Mónica Naranjo, Gloria Gaynor, Rihanna, Beyoncé, Raffaella Carrà, Miley Cyrus, La Tigresa de Oriente, Celine Dion, Wendy Sulca, Édith Piaf, Whitney Houston, Alaska, La Pelopony, Leticia Sabater y un largo etcétera. ¿Hacen música gay estas cantantes? En sentido estricto no, salvo en excepciones muy contadas en las que tratan temas concernientes al colectivo (como, por ejemplo, el considerado himno gay *I Will Survive* de Gloria Gaynor, entre otras); sin embargo, este se ha apropiado de esas canciones y hoy en día son cantantes que se asocian fácilmente al colectivo gay (sobre todo masculino).

Lo extraordinario de esta asociación es que la música es un elemento necesario y superficial al mismo tiempo. Necesario porque, de alguna manera, estas estrellas son todas cantantes. Esto no pasa en otros ámbitos, donde el peso del famoso, como figura construida a través de un *marketing* muy concreto, es también considerable en la construcción de su industria. Por ejemplo, en el cine, donde el potencial de las estrellas fue originalmente establecido y su poder es aún muy fuerte, esta conexión con el colectivo homosexual no ha surgido. Y, por otro lado, superficial porque la música surge como suplemento, como algo más que compone el personaje, pero que sin ello este no se deja redefinir tan fácilmente por parte del colectivo.

¿Cuál es la razón de esta apropiación? ¿Por qué el colectivo homosexual (mayoritariamente el masculino) se siente atraído por este tipo de figuras? Para muchos de los gais de las décadas de los cincuenta a los ochenta, Judy Garland era de alguna manera un espejo de su vida. Cuando, en 1950, la actriz y cantante intentó suicidarse, la imagen de chica ordinaria y sin complicaciones que sus películas habían intentado construir se vino abajo. Esto hizo posible «leer a Garland como una figura con una relación especial con el sufrimiento, lo ordinario, la normalidad, y es esta relación la que estructura mucha de la lectura gay que se hace de Garland».[7] Pero otra visión de la figura de Garland resulta interesante aquí: «Dicen que la amábamos porque era el espejo de nuestra angustia y soledad. Mentira. Mis padres eran heterosexuales y eran las personas más angustiadas y solitarias que he conocido. No, no tenemos el monopolio de la angustia y la soledad. La amaba porque da igual la manera en la que la intentaban boicotear, ella sobrevivía».[8] Esa capacidad de resiliencia se veía como un motivo que conectaba al colectivo con la estrella. Y la música, aunque en muchas ocasiones se pudiera ver en conexión con las vivencias mayoritarias de los gais del momento, era algo que formaba parte de esa figura que no paraba de saltar obstáculos puestos por una sociedad hostil.

Las estrellas tienen una posición privilegiada en el actual sistema de producción de imágenes en masa. Como dice Richard Dyer en otro texto, «las estrellas tienen un gran control sobre la representación de la gente en la sociedad [...]. Las estrellas tienen una posición privilegiada en la definición de roles y tipos sociales, y eso debe tener consecuencias reales en cómo la gente cree que puede y debe comportarse».[9] No obstante, tanto Garland como muchas de las estrellas antes mencionadas, más que ser modelos de conducta eran todo lo contrario. Sus acciones distan mucho de ser un modelo generalizado de buena conducta que seguir por la sociedad, y muestran que, incluso dentro de un sistema que intenta debilitar constantemente, que pretende minar la acción y el fortalecimiento de la persona/colectivo, incluso en esas circunstancias adversas, es capaz de sobrevivir y salir adelante.

Un ejemplo claro de esto es Britney Spears. Tras lanzar su éxito *Toxic* en 2003, la imagen de la cantante pop se vio envuelta en una campaña de ataque constante. En 2006 fue fotografiada llorando con su bebé en una cafetería y parecía que la princesa del pop había tocado fondo, algo que recordaba en gran parte el camino que había llevado Whitney Houston y que acabaría con su muerte en 2012. Esa imagen fue la última gota de un mar de insinuaciones sobre adicción a drogas y alcohol. A esto había que sumarle la imagen pública de mujer obsesionada consigo misma que se había visto en el *reality show* con su marido *Britney & Kevin: Chaotic*. Lo que siguió a esto fue la imagen de Spears rapándose la cabeza tras entrar en un centro de desintoxicación. Esa imagen de Spears sin pelo se volvió viral y recordó mucho a Sinéad O'Connor o Natalie Portman en la película *V de Vendetta*, entre otras, pero sobre todo fue tomada por el colectivo como una visión de fortaleza en un momento en el que todo estaba en contra. Además, el hecho de que fuese la propia Spears la que se rapase el pelo mostró aún más determinación y seguridad por su parte en tiempos en los que parecía ir todo mal. Esta clase de historias de superación son las que conectan e identifican al colectivo.

Por supuesto, esto varía de estrella a estrella y los motivos son diferentes. En algunas de ellas, el reconocimiento explícito de los derechos del colectivo homosexual hizo que este se viese identificado con personas que alzaban su poderosa voz en favor de ellos, como pueda ser Madonna o Lady Gaga.

Pero ¿qué ocurre con la música en este proceso de apropiación gay? El pop se convierte en petardeo. El petardeo es precisamente ese proceso de redefinición mediante el cual el pop se transforma en una liberación del cuerpo y las letras hablan de las dificultades y las alegrías de las vidas de la gente del colectivo. Pero, por otra parte, el petardeo no es solo una forma de identificación con cierta música, sino también una actitud ante esa música, una (pre)disposición, una corporeización de esa música que va más allá de la letra y los ritmos. Por eso, canciones tan dispares como *Born This Way* (Lady Gaga, 2011), *Sobreviviré* (Mónica Naranjo, 2000), *Vogue* (Madonna, 1990), *Smalltown Boy* (Bronski Beat, 1984) o *Relax* (Frankie Goes To Hollywood, 1984), aunque pertenecen a estilos muy diferentes y mediante distintos procesos de *apropiacionismo petardo,* son entendidas como música gay.

3. Drogas y cuartos oscuros: la música de los tecnocuerpos *queer*

Otro ámbito que ha estado muy relacionado con lo LGTB es la música disco, *dance, techno, house* y otro tipo de músicas de club que surgen entre las décadas de los sesenta y ochenta. Estas fueron músicas que aparecen específicamente en contextos muy relacionados no solo con lo gay, sino también con comunidades racializadas de Estados Unidos, concretamente comunidades negras y latinas. Es por ello que, a diferencia de la música anterior, el cuerpo se posiciona en el centro del relato musical. Frente a la narratividad del petardeo, las músicas del club priorizan lo somático.

Este tipo de música surge precisamente de una corporeización de la diferencia.[10] En primer lugar, como ya se ha dicho, son músicas que parten del cuerpo, que se escuchan con el cuerpo en movimiento, el cuerpo entero se convierte en oído y este se mueve con el *beat*. En segundo lugar, el cuerpo en estos casos se entiende como una entidad no normativa y se desmarca de las estructuras que lo constriñen en el espacio exterior al club. De esta manera, el club se entiende como un espacio en el que los cuerpos que son perseguidos en el espacio público heteronormativo encuentran refugio y, por ello, se convierte en un espacio contrapúblico.[11] Tal y como señalaba el artista Andrés Senra en su primer programa de radio *Psicoderivas*, en la cadena M21 Radio, dedicado al mundo de la noche, cuando se entraba en un club gay el cuerpo se descargaba de tensión.[12] De alguna manera, el espacio público burgués es somatizado a través del desasosiego que produce el esfuerzo por dramatizar el cuerpo nacional heterosexual. En el club, toda esa inquietud se evade porque uno puede ser «uno mismo». La autenticidad de la identidad encaja con la autenticidad que se busca en la música. Tal y como lo expresa Sarah Thornton, «el primer tipo de autenticidad supone cuestiones de originalidad y aura, valores que residen en la figura del DJ. El segundo tipo de autenticidad es sobre ser natural a la comunidad u orgánico a la subcultura».[13]

Con esa liberación que el cuerpo sentía al entrar al club llegaba la autenticidad de uno mismo, y con ella el cuerpo podía expresarse explorando los flujos rítmicos y armónicos de la música. Esta distensión y exploración también se potenciaban gracias al consumo de sustancias que alteraban el estado *normal* del cuerpo. Como dice Simon Reynolds en relación con el *techno* y el éxtasis, «cuando se vive bajo la influencia del MDMA, el efecto es sinestésico, como si temblorosas yemas de los dedos te tentaran la nuca o como el equivalente auditivo y a la vez táctil de un resplandor. En cierto modo, el éxtasis convierte toda la superficie corporal en una oreja, en una membrana de alta sensibilidad que reacciona a ciertas frecuencias».[14] Esta desarticulación de la jerarquización del cuerpo (¿crea el *techno* un cuerpo sonoro sin órganos?) es algo que se potencia por este tipo de músicas que se originan y se escuchan y bailan en clubs. Aunque el *techno* en particular tiene un doble origen geográfico, Detroit y Chicago, y ambas escenas estaban mayoritariamente pobladas por la comunidad negra, solo la de Chicago era gay. No obstante, actualmente, el *techno*, aunque es bailado, evidentemente, por personas de todas las sexualidades, es asociado en gran medida con el colectivo gay.

El correlato evidente de esa desjerarquización del cuerpo en la música, donde la escucha es algo también háptico, es el del sexo. Así como el *techno* se escucha con todo el cuerpo (en estado alterado, con éxtasis o LSD, o sin él), el sexo gay se caracteriza por la desnarrativización de los órganos sexuales (o al menos idealmente). Por ejemplo, en el club Berghain de Berlín, tal vez uno de los clubs de *techno* más importantes del mundo, y que, además, es un club gay, la pista de baile (la sala principal) está justo al lado de los cuartos oscuros. Esto puede parecer lo normal en un club gay, pero no es así. Normalmente, en estos clubs, los cuartos oscuros están en zonas discretas, casi siempre en la planta baja o tras un pasillo, pero en Berghain los accesos al cuarto oscuro están en uno de los laterales de la sala de baile. Y además son accesos sin puertas, es decir, hay una continuidad arquitectónica entre el lugar dedicado al baile y el espacio dedicado al sexo (límite que, muchas veces, se difumina y hace que uno se pueda encontrar a gente practicando sexo en la misma pista de baile).

Las músicas de club potencian la sensualidad de la escucha desplazando y ampliando el alcance del sonido a todo el cuerpo. Lo *queer* se identifica con esta redimensión de lo corporal y es por ello por lo que la relación entre las músicas de club y lo *queer* es, en muchas ocasiones, muy fuerte.

4. Feminismo y música: una visión panorámica

Aunque los apartados anteriores se hayan centrado en la relación entre lo *queer* y lo sonoro, mucho de lo dicho allí puede suscribirse en este apartado sobre la relación entre el feminismo y lo musical, así como se podría decir de la relación entre las personas racializadas y lo musical. Muchas de las estrategias de resistencia sonora fueron utilizadas indistintamente por los diferentes colectivos, o, en otras palabras, las luchas activistas se hermanaban no solo desde un punto de vista político, sino también a nivel artístico.

Antes de comenzar a trazar este mapa general debemos hacer una distinción clara en torno al feminismo. Desde un punto de vista general podríamos decir que hay dos grandes familias dentro de las corrientes feministas. Esto sería muy inexacto, porque, dentro de las dos familias que a continuación se van a explicitar, hay elementos de disenso y que añaden otros adjetivos, que a su vez se subdividen en otras tantas subfamilias. Podemos hablar, por un lado, de un feminismo liberal o representativo, también llamado de la *igualdad*. Como se anuncia en su nombre, este tipo de feminismo apuesta por alcanzar una igualdad entre los dos géneros (en este aspecto sigue siendo binarista) a través de la igualdad cuantitativa en la vida social. Es decir, piensa que la igualdad se consigue socialmente gracias a la puesta en marcha de un marco legislativo que facilite la equiparación entre hombres y mujeres. Por otro lado, encontramos el feminismo de la diferencia o diversidad o radical. Radical en el sentido etimológico de la palabra, es decir, aquel que piensa que el problema es de la raíz. Para estas feministas, el problema es estructural, es del heteropatriarcado (o si añadimos aquí la crítica lesbiana, trans y de disidencia de género, podríamos decir que la estructura es cisheteropatriarcal).[15] Es decir, piensan que la desigualdad no se subvierte solo con la reforma legislativa, sino con una reestructuración sistémica. Para la mayor parte de estas feministas, el capitalismo es la fuente de la desigualdad.

Evidentemente, y como ya se ha dicho, dentro de estas dos familias hay muchos matices. Por ejemplo, en ambos bandos hay abolicionistas y no abolicionistas (es decir, que se posicionan a favor o en contra de una regulación de la prostitución), antiporno o pro-sexo (si consideran que la pornografía, siendo una tecnología de género, puede ser reimaginada o no), antiesencialistas o no (si piensan que existe una esencia del género) y muchos más apelativos que se concretan dependiendo de las medidas específicas.

Para este sucinto apartado nos fijaremos en la segunda facción. Si bien consideramos importantes las reclamas de las primeras en el mundo de la música (la presencia de mujeres compositoras en los programas de orquestas, la equiparación salarial, la reconsideración de las compositoras y músicos olvidados por cuestión de género a lo largo de la Historia…), entendemos que la posición de las segundas en relación con lo sonoro entronca de forma más lineal con el argumento que se ha llevado hasta ahora.

Se decía al principio que la hermandad entre las luchas políticas hacía que las estrategias de resistencia artística, en numerosas ocasiones, se contagiaran. No obstante, las características de las luchas divergían en algunos puntos debido al sujeto político mayoritario que las habitaba. Una de las diferencias que se puede trazar entre lo gay (específicamente masculino) y el sujeto político de la mujer o la persona racializada es que la marca era corporal y visible. Es decir, mientras el gay tenía la posibilidad de vivir en el armario tras la máscara del padre de familia, aunque después llevase una doble vida, la mujer y la persona racializada no podían escapar de la marca de la visibilidad. Esta marca hacía que tanto las mujeres como las personas racializadas fueran objetualizadas, es decir, que estuviesen consideradas a un nivel inferior en la graduación de humanidad y, por tanto, consideradas más bien objetos que sujetos. Objetos con los que mercadear, ya fuese con la reproducción o con el trabajo esclavo. Su valor era el de la mercancía, el del objeto. Es por ello por lo que se puede decir, con Fred Moten,[16] que el valor de las artes feministas radicales y las de la tradición negra radical, que son a las que se refiere específicamente Moten, son aquellas en las que el objeto se resiste. Para Moten, la esencia de la *performance* radical negra es la resistencia a la esclavitud. De forma similar, la esencia de las artes feministas radicales es la resistencia a la objetualización del sujeto mujer.

Nótese aquí, además, que el sujeto mujer es, ante todo, un sujeto político. Primero porque, tal y como sentenció Simone de Beauvoir en una frase ampliamente utilizada, no se nace mujer, sino que se llega a ser. Y dentro de esa construcción social de la mujer, hay muchas que no encuentran su lugar dentro de esa categoría. Es por esta razón por lo que las lesbianas, como diría Monique Wittig,[17] no son mujeres. Es por ello, además, que esa resistencia del objeto a ser objetualizado también implica una oposición a asumir esa construcción social.

Numerosas figuras populares de la música se han declarado feministas. Beyoncé, por ejemplo, ha aparecido en muchos de sus conciertos con las letras FEMINIST de fondo, o las cantantes españolas Rosalía y Bebe han cantado sobre el maltrato machista. La visibilización del empoderamiento femenino y de las desigualdades de género es algo cada vez más común dentro de la industria. Este tipo de alineamiento con el feminismo entronca más con una visión liberal en la que mujeres con poder muestran que existen medios para el empoderamiento dentro de esta sociedad patriarcal. Los mismos medios por los que los hombres tienen el poder pueden servir a las mujeres para lo mismo, y la industria musical es uno de esos ámbitos. En esta línea, muchos géneros musicales que se han entendido como machistas, como el *trap* o el reguetón, han sido objeto de una estricta crítica por parte de cierto feminismo y han surgido, a raíz de este examen, el *trap* o el reguetón feministas. En su mayoría, este feminismo musical se basa en un cambio en las letras, en la denuncia, a través de estas, de situaciones de discriminación o de desigualdad.

Una visión más radical ha entendido, tal y como lo hacía la visión *queer*, que el problema no son tanto las narrativas como la estructura. La subversión vendría más por una cuestión de formas y de escucha que de letra. El problema no es tanto lo que se cuenta, sino los modos de escucha y la forma en la que las estructuras tradicionales han desarrollado esas escuchas y las corporeizaciones de esa escucha. Por ejemplo, el punk de Patti Smith, Poly Styrene, Neo Boys, The Bags o The Slits no solo pretendía subvertir el orden patriarcal musical a través de letras irreverentes y contestatarias, sino también a través de formas musicales que produjeran otras formas de corporeización y escucha. En el ámbito español, «Me gusta ser una zorra», de las Vulpes, es tal vez el caso más representativo donde la letra, la forma de cantar, los ruidos y demás elementos compositivos de la canción pretenden afectar a las formas en las que las oyentes se relacionan con la canción, es decir, pretenden configurar un nuevo modo de escucha.

Lo que importa destacar aquí es que tanto la música que puede llamarse *queer* como la feminista buscan redefinir las formas de relación que se establecen entre el objeto artístico y el sujeto. Lo relevante aquí es establecer otros modos de escucha, otras formas de subjetivación y de identificación, otras maneras de producción del cuerpo a través de la escucha.

Eloy V. Palazón

Licenciado en Matemáticas y graduado en Historia del Arte por la Universidad Complutense de Madrid, con premio nacional final de carrera. MA en Contemporary Art Theory en Goldsmiths College gracias a una beca de la Fundación La Caixa. Actualmente realiza un doctorado en teoría y arte *queer*. Ha escrito para medios como La Grieta, Culturamás o SusyQ. Sus principales intereses de investigación son el arte y la teoría *queer* y feminista, la danza contemporánea, la teoría del porno y la teoría económica y su relación con la producción de la imagen.

Imperativo

En su novela *1984*, Orwell decía que el Gran Hermano te estaba mirando. El presente corrige el verbo: el Gran Hermano te *stalkea*. Por ejemplo, escuchando a través de tu teléfono inteligente.

Haz de tu acción una máxima universalizable. Kant lo llamó imperativo categórico: la base de toda acción moral. Hoy es algo distinto: actúa como si los rusos te estuvieran escuchando, o los chinos, o los estadounidenses. Actúa como si te escucharan y acertarás.

Porque la máxima universalizable es que hay orejas en todos lados. Y les gusta tu voz cuando mandas audios tiernos por WhatsApp. Les hace gracia que quieras comer chino otra vez o que te apetezca que este año las vacaciones sean en un pueblo de Croacia. Quizá luego te manden un anuncio a Facebook, a ver si finalmente te animas. Antes solo las paredes oían. Ahora también lo hace google.

Hello world

Hay una cuenta de instagram (@eva.stories) que se pregunta qué habría pasado si una chica que murió en Auschwitz hubiese tenido Instagram. Un ostentoso equipo de producción ha colgado *stories* que siguen el formato y las reglas formales de la red social y que recrean su día a día hasta que llega a Auschwitz, pues se imaginan que allí no le habrían dejado entrar con el móvil. Hoy, muchos sirios nos han contado también su tragedia por las redes. Pero lo hacen desde la angustia y la incertidumbre. No hay guion. Además, a muchos no les da tiempo de poner *stickers*, *gifs*, letras en movimiento o música de fondo. No hay, tampoco, banda sonora medida y prefigurada que acompañe a nuestra emoción, como en las películas melodramáticas (o en el tráiler que presenta el proyecto de @eva.stories). Bana Alabed, una niña siria de Alepo, narró su experiencia cotidiana de la guerra a través de twitter (@AlabedBana). En un *post* del 2 de octubre de 2016 se la ve, mirando por la ventana, mientras se tapa los oídos ante el estruendo de los bombardeos: "Hola mundo, ¿podéis oír esto?".

No, no lo oímos. A sonidos crudos, oídos sordos.

Auriculares

Vértigo de las transformaciones: si el teléfono móvil creó la comunicación privada en público, los auriculares, internet y el teléfono juntos permiten, además, la escucha de música aislada habitando espacios comunes. Surgen así espacios acústicos múltiples y en aumento: estar dentro, enfrente, detrás, ir hacia, cerca, contra, entre, tocándose, siguiendo, excluido. El ruido cotidiano se mezcla con nuestros *hits* favoritos. Toda experiencia de lo público y lo privado se reconfigura ineludiblemente.

En la invasión de lo público, la música juega un rol desde tiempos inmemoriales: los soldados espartanos avanzaban hacia la batalla acompañados de música de flautas, los soldados en los tanques hoy escuchan sus propias *playlists* con sus auriculares personales.

Music for

(música para hacer otras cosas que escuchar)

Visitas

12.000.000	*6 Hours of Mozart Classical Music for Studying*
8.000.000	*3 Hours of Mozart Classical Music for Studying*
18.000.000	*Classical Music for Reading*
3.000.000	*Music for Running*
6.000.000	*Music for Office*
9.000.000	*Relaxing Jazz Music*
12.000.000	*Mozart Classical Music for Babies*
10.000.000	*Music for Workout*
1.400.000	*Music for Cleaning*
4.300.000	*Music for Making Love*
4.000.000	*Restaurant Music 10 Hours*
6.900.000	*15 Hours of Music for Dog Relaxation*
4.100.000	*2 Hours of Sleep Music for Cats*
25.700.000	*Classical Music for Brain Power*
53.000.000	*8 Hour Deep Sleep Music*
4.300.000	*Summer Chill Mix 2017 'Positive Vibes'*

Fuente: YouTube

II. MATERIALES

LOS CÓMOS Y LOS QUÉS, LAS CATEGORÍAS, LAS MATERIAS Y LAS MEZCLAS ENTRE ELLAS.

Oyeur

(sustantivo, sin género) oír + *voyeur*

Persona que escucha lo que no debe. Pero
el deber es complejo, no es solo una cuestión
de fetichismo. A veces, cuando estamos en
el transporte público, somos oyeurs sin querer.
Lo que se puede y debe oír, y lo que no, marcan
otras formas de separar el espacio público
del privado.

Terático/a

(adjetivo, masculino o femenino)

Proviene del griego teras (τέρας). Refiere tanto a
lo prodigioso como a lo monstruoso. Es decir, a
todo lo que los humanos que se autodenominan
"normales" creen que les excede. La normalidad
es política. La anormalidad, también. Tanto
lo monstruoso como lo prodigioso refieren,
etimológicamente, a hechos excepcionales que
daban cuenta de la sabiduría profética sobre
el porvenir.

Porque el futuro siempre nos resulta monstruoso.

Desde hace unas décadas, el cruce de las artes no solo es inevitable, sino cotidiano. Ya no hay nada que sea "solo" música, "solo" teatro" o "solo" pintura. Ya no hay lenguajes artísticos que pertenezcan sólo a un ámbito. ¿Cuáles son las consecuencias de este cruce, tanto para las obras como para la experiencia?

4.
OJOS ABATIDOS, OÍDOS SORDOS

Miguel Álvarez-Fernández

Conforme a diversos relatos —algunos muy acreditados— sobre la música del pretérito siglo xx, durante este periodo histórico las relaciones entre sonido e imagen habrían alcanzado un grado de complicidad insólito en el pasado, cuyos principales ejemplos recorrerían desde las sinestesias de Skriabin y Messiaen hasta las instalaciones sonoras que, durante las últimas décadas, se han hecho frecuentes en centros de arte contemporáneo de buena parte del mundo, por no hablar de la amplísima difusión global de la música creada para diferentes medios audiovisuales (cine, televisión, videojuegos...).

Sin embargo, desde otra perspectiva, todos los fenómenos que se acaban de evocar podrían ser interpretados no como un ideal maridaje entre la visión y la escucha, sino más bien como evidentes manifestaciones de la superioridad de la primera ante la segunda. Así, durante el pasado siglo, la música habría ido perdiendo su capacidad de emocionarnos sin necesidad de aditamentos visuales, y en realidad lo mencionado en el párrafo anterior no sería sino un catálogo de muestras que constatarían el fracaso de lo (exclusivamente) sonoro ante la progresiva preeminencia avasalladora de la imagen.

Pero quizá no debamos escoger entre una u otra perspectiva —evitando tanto las opiniones apocalípticas como las excesivamente integradas—, sino que más bien convenga cuestionar si las oposiciones están correctamente fundamentadas.

Ya la pareja de conceptos «sonido e imagen», por muy habitual que nos pueda parecer, presenta una grave anomalía desde el punto de vista teórico. Así lo señaló Pierre Schaeffer, razonando que resultaría más adecuado —desde la perspectiva de la física, pero también en términos psicoacústicos— correlacionar «sonido y luz»:

> Dos grandes diferencias separan la experiencia de los fenómenos luminosos de la de los fenómenos sonoros. La primera de ellas es que la mayor parte de los objetos visuales no son fuentes de luz, sino simplemente objetos, en el sentido habitual del término, ilumi-

nados por la luz. Los físicos están muy habituados a distinguir la luz de los objetos que la reflejan. Si el objeto emite la luz por sí mismo, se habla entonces de una fuente luminosa.

Nada parecido ocurre con el sonido. En la inmensa mayoría de los fenómenos sonoros que nos ocupan, se hace hincapié en el sonido como proveniente de «fuentes». La distinción clásica en óptica entre fuentes y objetos no se ha impuesto, sin embargo, en acústica. Toda la atención ha sido acaparada por *el sonido* (como decimos *la luz*) considerado como emanación de una fuente, sus trayectos y deformaciones, sin que los contornos de tal sonido y su forma hayan sido apreciados por sí mismos al margen de la referencia a su fuente.[1]

Desde luego, se evitarían muchas confusiones si el sonido, concebido como un tipo de energía (susceptible de producir vibraciones que desplacen las moléculas de cualquier medio elástico —como el aire… o nuestros tímpanos—), quedara perfectamente diferenciado —también en nuestro lenguaje más cotidiano— de la sensación subjetiva provocada por esas vibraciones. Y ello no solamente para poder dar una respuesta más clara a aquella pregunta acerca de «si un árbol cae en un bosque y nadie está cerca para oírlo, ¿hace algún sonido?»,[2] sino también porque ello serviría para clarificar ciertas diferencias entre los fenómenos auditivos y los visuales:

[…] el sonido (hasta el descubrimiento de la grabación) ha ido siempre ligado en el tiempo al fenómeno energético que lo originaba, hasta el punto de ser prácticamente confundido con él. Por otra parte, este fugaz sonido solo es accesible en un sentido y permanece bajo un único control: el sentido del oído. Un objeto visual, por el contrario, y esta es la segunda de las diferencias anunciadas, tiene algo de estable. No solo no se le confunde con la luz que lo ilumina, no solo aparece con contornos permanentes bajo diferentes luces, sino que además es accesible a otros sentidos: se le puede palpar, sopesar y oler […].[3]

Paradójicamente, ha sido «el descubrimiento de la grabación», como escribe Schaeffer, lo que en buena medida ha desmentido —para la percepción de cualquier oyente del último siglo— ese carácter «fugaz» de lo sonoro. En connivencia con los medios eléctricos de generación del sonido (que, como el fonógrafo, pueden mantener un mismo timbre mucho más allá —y de manera mucho más constante— de lo que permiten las capacidades humanas), la grabación de audio ha permitido imaginar sonidos tan estables y permanentes en el tiempo como los objetos visuales mencionados por Schaeffer.

De hecho, es reseñable que una propuesta estética como la *musique d'ameublement*, fechada alrededor de 1917 y pergeñada por ese pionero de tantas cosas que fue Erik Satie, no surgiese hasta un momento histórico en el que la grabación sonora (aparecida ya en el último cuarto del siglo XIX) se había hecho frecuente en numerosos hogares burgueses —como el del propio compositor—. La conceptualización de esta revolucionaria idea por parte de Satie nos remite —sobre todo si mantenemos las citas anteriores de Schaeffer en mente— a una noción de sonido equiparable, por un lado, a la energía lumínica (el autor de los *Tres fragmentos en forma de pera* menciona expresamente esta posibilidad), pero que, por otra parte, problematiza (desde su propia denominación como «música de amueblamiento» o «mobiliaria») la dimensión objetual del sonido:

> [...] Queremos establecer una música que satisfaga las «necesidades útiles». El arte no entra en estas necesidades. La música de amueblamiento crea una vibración; no tiene otro objeto; desempeña el mismo papel que la luz, el calor y el confort en todas sus formas... Exijan música mobiliaria. Ni reuniones, ni asambleas, etc., sin música mobiliaria... No se case sin música mobiliaria. No entre en una casa en la que no haya música mobiliaria. Quien no ha oído la música mobiliaria desconoce la felicidad. No se duerma sin escuchar un fragmento de música mobiliaria o dormirá usted mal.[4]

«Pienso en Satie como el primer compositor máquina», ha escrito David Toop.[5] El autor de *Vexations* —obra compuesta en 1893 que no conocería su primera interpretación íntegra hasta que la acometiera, en 1963, John Cage (quien, a su vez, fue uno de los primeros compositores que empleó el tocadiscos como instrumento musical en concierto, en su *Imaginary Landscape No. 1* de 1939)— también podría ser considerado un profeta para ese fértil campo de interrelación entre sonido e imagen (aludido ya desde el primer párrafo de este trabajo) que es la instalación sonora.

Más abajo se cuestionará si resultaría más apropiado y preciso denominar en nuestro idioma la práctica que se acaba de mencionar como *instalación de sonido* (igual que en inglés se habla de *sound installation*, y no tanto de *sonic installation*). Pero ese problema, en el fondo, deriva del error conceptual —no solo terminológico— que identifica la noción de sonido con la de fuente sonora. Schaeffer, después de justificar bondadosamente la génesis de ese error, termina remitiéndonos a una de sus aportaciones teóricas fundamentales, la idea de objeto sonoro:

> Se comprende que la noción de objeto apenas tuviera fuerza para imponerse a la atención del físico. Siendo la tendencia natural de

este la conducción de los hechos a sus causas, encontraba gran satisfacción en la evidencia energética de la fuente sonora. No había razón para que el oído, al término de la propagación de las radiaciones mecánicas en un medio elástico (el aire), percibiera otra cosa que la propia fuente sonora.

A decir verdad, no hay nada falso en este razonamiento. Digamos simplemente que, si bien es válido para un físico o un constructor de aparatos electroacústicos, no es, sin embargo, adecuado para un músico o incluso para un acústico del oído. En efecto, estos últimos no se ocupan de la forma como nace y se propaga un sonido, sino únicamente de la forma en que es escuchado. Ahora bien, lo que oye el oído no es ni la fuente ni el «sonido», sino los verdaderos *objetos sonoros*, de la misma forma que el ojo no ve directamente la fuente, o incluso su «luz», sino los objetos luminosos.[6]

Resultaba imperativo (sobre todo en un volumen titulado *Terremotos musicales*) dedicar estas extensas citas a un pensador —también fue compositor, pero seguramente menos notable— como Pierre Schaeffer, quien para llegar a estas conclusiones partió de un análisis fenomenológico —cercano a los presupuestos de Merleau-Ponty— basado en sus experiencias con la grabación en discos de microsurco.

La fonografía es, fuera de toda duda, la mayor revolución acontecida en el ámbito musical durante el siglo xx.[7] No ya, como se acaba de mostrar, por su incidencia en otros desarrollos como la noción de objeto sonoro (y, en una escala menor, pero también muy notable, de la música concreta), sino porque —mucho más profundamente— ha acarreado una transformación en el propio concepto de música que quizá solo pueda compararse con la aparición de la notación musical. Esta equiparación entre fonografía y notación musical no es arbitraria, pues ambas invenciones conmocionaron las relaciones entre oralidad y escritura, proyectando las posibilidades del discurso sonoro mucho más allá de donde hasta entonces resultaba imaginable. Otra cuestión, bien distinta, es que muchos compositores —sobre todo aquellos que, paradójicamente, se consideran herederos de esa tradición musical basada en la notación surgida en la Edad Media europea— hayan permanecido absolutamente sordos ante la mencionada revolución fonográfica (quizá, precisamente, porque siguen deslumbrados ante la visualidad de sus elaboradas partituras).

Al final de este texto regresaremos a la cuestión, importantísima, de la escritura musical, pues en ese ámbito encontraremos una de las conclusiones fundamentales del argumento que venimos proponiendo acerca de la eventual primacía de lo visual sobre lo sonoro en el pensamiento musical del siglo xx. Pero ahora debe insistirse en el valor de las reflexiones de Schaeffer (o, más precisamente, del tipo de reflexiones que Schaeffer acometió desde mediados del siglo pasado),[8] y acaso también lamentar que estas no hayan gozado de mayor difusión ni entre los compositores —como ya se ha señalado— ni entre los filósofos y musicólogos de los últimos setenta años.

Tal vez si las estrategias analíticas de Schaeffer hubiesen circulado más ampliamente, hasta calar en el pensamiento de los artistas y teóricos hispanos, no se habría producido esa lastimosa transposición a nuestro idioma del *sound art* anglosajón (o el *Klangkunst* germánico) como «arte sonoro» —el idioma francés, con su *art sonore*, también ha sido víctima de esta ingrata confusión—. Pues la palabra *sonoro*, desde su primera acepción, nos remite —previsiblemente— a algo «que suena o puede sonar», y con ello volvemos a encerrarnos en la confusión entre fuentes sonoras y objetos sonoros que ya denunció Schaeffer. *Arte sonido*, aunque sea una expresión que ya nos resulte demasiado extraña para ser incorporada a nuestro vocabulario, además de calcar más correctamente la terminología inglesa y la alemana, podría apuntar hacia esa dimensión objetal que se echaba de menos en la argumentación schaefferiana.

Confiamos, llegados a este punto, en que se entienda cómo y por qué la labor planteada en este trabajo no se orienta hacia la celebración de algunas convergencias sinestésicas, más o menos afortunadas, en el repertorio musical de los últimos años, sino que trata de desentrañar —o al menos poner en evidencia— algunos de los problemas que continúan lastrando el pensamiento musical —particularmente en el ámbito de las músicas llamadas «académicas»— del presente. Varias de estas cuestiones, como se ha planteado ya, podrían parecer meros problemas lingüísticos, o incluso de expresión. Pero en realidad obedecen a conceptualizaciones erróneas, que se han filtrado no solo hasta el lenguaje cotidiano, sino —más desafortunadamente aún— hasta la mentalidad de numerosos compositores y teóricos de la música actuales.

El propio término *audiovisual* tampoco está exento de problemas, pues en él parece proyectarse —más que un simétrico equilibrio entre sus dos componentes— un cierto énfasis, socialmente admitido, en la segunda parte del vocablo (esto lo sabe bien cualquier estudiante de «comunicación audiovisual», conminado a superar bastantes más asignaturas relacionadas con la imagen que con el sonido). Por otro lado, esta expresión también parece subrayar la dimensión técnica, o más bien tecnológica, del tipo de comunicación al que se refiere (un ejemplo: no es frecuente relacionar el teatro con lo audiovisual, aunque en principio ello estaría perfectamente justificado). Los dos argumentos que se acaban de presentar confluyen cuando pensamos en un paradigmático «medio audiovisual» como el vídeo (entendido como soporte tecnológico): desafiando la semántica de esta palabra de origen latino, en muy pocas ocasiones esta se refiere a un estímulo únicamente visual. La dimensión sonora de una grabación en vídeo suele quedar, pues, misteriosamente sobreentendida, al igual que sucede al hablar de una videocámara o de un videocasete.

***

Todas estas cuestiones resultan, ciertamente, muy básicas, si bien ello debe admitirse en el doble sentido de simples, pero también fundamentales —por lo menos a la hora de comprobar algunos automatismos de nuestro lenguaje y, por tanto, de nuestro pensamiento—. Al tratarse de aspectos tan comunes y frecuentes de nuestra vida ordinaria, es posible que, paradójicamente, se escapen de una reflexión atenta. Por otro lado, estos pequeños vicios de nuestra expresión lingüística podrían respaldar aquella jeremíaca queja, mencionada muy al inicio de estas páginas, en virtud de la cual todo lo relacionado con lo visual habría preponderado —al menos desde los inicios de la Modernidad, y siempre en el contexto de la cultura autodenominada «occidental»— respecto de lo sonoro. Este es, por recurrir a uno de los más documentados y brillantes estudios de las últimas décadas, el punto de partida de Martin Jay para su libro *Ojos abatidos. La denigración de la visión en el pensamiento francés del siglo XX*.[9]

Antes de plantear un análisis —tan apasionante, por lo demás— como el de Jay sobre las formas de «hostilidad frente a la primacía de lo visual», es necesario dar por sentada esa preeminencia. El historiador cultural neoyorquino admite el asombro que puede causar su proyecto, basado en una hipótesis coincidente con esa queja por la supremacía de lo ocular: «El principal propósito de este estudio será demostrar y explorar lo que a primera vista [*sic*] puede parecer una propuesta sorprendente: gran parte del reciente pensamiento francés, en una amplia variedad de campos, está, de una manera u otra, imbuido por una profunda sospecha ante la visión y ante su papel hegemónico en la era moderna».[10]

Jay nos recuerda que el pensamiento francés no ha sido el único que ha recelado de esa primacía de lo visual ante lo sonoro, aludiendo al pragmatismo americano (y su «desconfianza ante la epistemología espectatorial») o la hermenéutica alemana («con el papel privilegiado que otorga al oído sobre el ojo»).[11] Quizá nosotros podríamos incorporar en esta lista a María Zambrano, por su constante e inspiradora atención a la escucha.[12]

En cualquier caso, para los propósitos de este trabajo (y para cualquier musicólogo o aficionado a la música) lo más relevante —y, a la vez, decepcionante— en la investigación de Jay quizá sea su confirmación de que esa sospecha respecto de lo visual que él detecta en el pensamiento francés del siglo XX no aparejó, ni mucho menos, un incremento del interés hacia los fenómenos sonoros por parte de esos intelectuales. Ni Bergson, ni Merleau-Ponty ni Barthes pudieron inclinar esa balanza en la que sigue primando, con mucho, el interés por la imagen frente a las cuestiones acústicas. Como observa con pesar Pierre Boulez: muy pocos intelectuales franceses contemporáneos se interesan en serio por la música.[13]

El libro de Martin Jay lleva por título *Ojos abatidos. La denigración de la visión en el pensamiento francés del siglo xx*, pero si en el subtítulo se sustituyese la palabra *visión* por *audición*, y el título reemplazase esos *ojos* por *oídos*, la adecuación del nuevo nombre al contenido del texto sería más plena que la actual. La amplia y muy documentada perspectiva del trabajo historiográfico de Jay revela, en fin, una tendencia que puede confirmarse fácilmente en otras fuentes.[14] Aunque podría criticársele que en su libro no realiza, por ejemplo, ninguna alusión a Pierre Schaeffer —pese a la cercanía de sus premisas iniciales respecto a las de Merleau-Ponty, quien protagoniza junto a Sartre todo un capítulo—, y si bien solo menciona de pasada a Michel Chion,[15] lo que más puede sorprender al lector es que tampoco un filósofo de la altura y prestigio de Gilles Deleuze acapare apenas la mirada del autor de *Ojos abatidos*.

Las ideas de Deleuze que nos interesa destacar en el contexto propio de este trabajo no están directamente relacionadas estrictamente con la música, en el sentido más tradicional de este término.[16] Pero, precisamente, lo que plantean podría ayudar a ampliar esa noción, y en ese proceso pueden también despejar algunas de las aporías señaladas en las páginas anteriores de este texto. Todo esto se percibe ya en un breve comentario acerca del autor de *À bout de souffle*:

> Es que, en Godard, los sonidos, los colores son actitudes del cuerpo, es decir, categorías: por tanto, encuentran su hilo en la composición estética que las atraviesa, no menos que en la organización social y política que las subtiende.[17]

La yuxtaposición que liga *sonidos* y *colores* no había aparecido entre los binomios manejados en páginas anteriores, y puede aportar un productivo giro a las coordenadas conceptuales propuestas por Schaeffer. No se trata de percepciones sinestésicas,[18] sino, como literalmente escribe Deleuze, de «actitudes del cuerpo, es decir, categorías». Valores estructurales dentro de una retícula que es a la vez estética, social y política. Pero que tiene como eje —como núcleo multiplicador, si bien carente de centro— el cuerpo, noción fundamental en el pensamiento deleuziano (tan heredero del de Nietzsche, en este punto):

> «Dadme, pues, un cuerpo»: esta es la fórmula de la inversión filosófica. El cuerpo ya no es el obstáculo que separa al pensamiento de sí mismo, lo que este debe superar para conseguir pensar. Por el

contrario, es aquello en lo cual el pensamiento se sumerge o debe sumergirse, para alcanzar lo impensado, es decir, la vida. No es que el cuerpo piense, sino que, obstinado, terco, él fuerza a pensar, y fuerza a pensar lo que escapa al pensamiento, la vida. Ya no haremos comparecer la vida ante las categorías del pensamiento, arrojaremos el pensamiento en las categorías de la vida. Las categorías de la vida son, precisamente, las actitudes del cuerpo, sus posturas.[19]

Ahora se puede regresar al comentario del filósofo sobre Godard y entender más claramente cómo ese cuerpo —siempre en colisión— puede ver ordenadas sus actitudes en un «gestus» que ya no distingue entre imagen y sonido. Ello obliga a flanquear con interrogantes no ya la definición, sino la propia naturaleza de lo musical:

Prénom Carmen, desde su inicio, hace depender los sonidos de un cuerpo que tropieza con las cosas y que tropieza consigo mismo, que se da en el cráneo. El cine de Godard va de las actitudes del cuerpo, visuales y sonoras, al gestus pluridimensional, pictórico, musical, que constituye su ceremonia, su liturgia, su ordenación estética. Ya sucedía esto en Sauve qui peut (la vie), donde la música constituía el hilo rector virtual que iba de una actitud a otra, «esta música, ¿qué es?», antes de que se manifestase por sí misma, al final del film.[20]

El cuerpo convocado por Deleuze —carente, entre otras cosas, de órganos y, en esa medida, de sentidos diferenciados— puede ofrecernos una nueva metáfora mucho más potente que las anteriores para explicar esos fenómenos —que ya nunca más serán exclusivamente audiovisuales— sobre los cuales trata este texto:

Godard llega a decir que hacen falta dos pistas sonoras porque tenemos dos manos, y que el cine es un arte manual y táctil. Y es verdad que el sonido tiene con el tacto una relación privilegiada, golpear sobre las cosas, sobre los cuerpos, como al comienzo de Prénom Carmen.[21]

***

Cuando los compositores comiencen a escuchar los cuerpos —no ya los de los intérpretes, amortajados en sus trajes y vestidos, sino los de los oyentes emergidos de sus butacas y transformados de espectadores en partícipes—, incluso ellos comprenderán que la música del siglo XXI es, ya para siempre —y necesariamente— instalación, performance, concepto (recuérdese que el cuerpo es «aquello en lo cual el pensamiento se su-

merge o debe sumergirse para alcanzar lo impensado, es decir, la vida»).[22]
El problema, como se ha mostrado, solo aparece si pensamos separadamente (y aquí esta palabra quiere decir dos cosas: separados entre sí y separados del cuerpo) los sonidos de las imágenes y de las demás sensaciones que confluyen en el cuerpo. ¿Hasta cuándo estaremos dispuestos a mantener la mentira infantil de los cinco sentidos? ¿Solo? ¿Separados —otra vez—? ¿Es que acaso el tímpano no es, ante todo, un dispositivo táctil? Pensar de manera disociada las imágenes, los sonidos (ya dan igual los términos, puesto que el error es el punto de partida) obliga a forzar la metáfora relacional —si uno se quiere aproximar a la vivencia del cuerpo— hacia terrenos incestuosos. Al partir de un presupuesto esquizoide, fragmentario y defectivo, la escisión entre auralidad, visualidad y, en general, entre todas las formas de percepción —algo, en fin, que solamente puede ocurrir fuera del cuerpo, en la abstracción de un pensamiento sin soporte— no permite entender lo que cualquier niño o animal sabe perfectamente.

Esa escisión ocupa la inconsciente base de lo que continúan haciendo todos aquellos compositores que aún se resisten a practicar un *arte sonido* ya irrevocable, y que a menudo buscan que un «artista plástico» complemente —o, aún peor, inspire— la música codificada en sus partituras sin darse cuenta de que estas son, en realidad, los pobres dispositivos visuales que, al convertirse en el epicentro de su trabajo creativo (uno ya no sabe si en los conservatorios enseñan a hacer música, o más bien a hacer partituras),[23] han ido mutilando sus cuerpos, dejando sordos sus oídos y abatidos sus ojos.

Miguel Álvarez-Fernández
Compositor y doctor en Historia del Arte y Musicología por la Universidad de Oviedo. Actualmente prepara, junto al cantaor exflamenco Niño de Elche, una interpretación del *Auto Sacramental Invisible* (1951) de José Val del Omar que se presentará en el Museo Reina Sofía en 2020. También trabaja en una antología de la música experimental realizada en España, que editará el sello belga Sub Rosa. Entre sus próximas publicaciones figuran un libro de conversaciones con Luis de Pablo (en la editorial Casus Belli) y una monografía sobre la escucha radiofónica (en Consonni).

miguelalvarezfernandez.wordpress.com

Salón

(sustantivo, masculino)

Es el espacio entre la calle y la casa,
donde sucedían las reuniones de la burguesía,
los crímenes, las veladas de piano y también
donde quedan los refusés, los artistas
rechazados que aparentemente supieron
captar todo lo importante de una época.
O eso se cuenta.

El salón contemporáneo, donde ya no cabe ni
una pianola ni un piano para amenizar tertulias,
que se ha convertido en un espacio de lujo en
los pequeños pisos de las grandes ciudades,
ha sido ocupado por incontables secuencias
de ceros y unos que funcionan como "píxeles
sonoros". El salón es donde está el rúter wifi.
Hogar quiere decir: saber la contraseña.

Hoy nadie compone (o escribe) solo
con papel y lápiz. El ordenador, los
sintetizadores, las mesas de sonido
o las apps son herramientas que nos
acompañan en el proceso. ¿Qué influencia
tiene el mundo digital sobre la creación?
¿Se democratiza la creación gracias
a la tecnología? ¿Cuáles serían las
consecuencias de esta democratización?

5.
DE LA PIANOLA AL ORDENADOR: ACCESIBILIDAD Y DIGITALIZACIÓN EN LA MÚSICA DEL SIGLO XXI

Wade Matthews

«Centenares de sonidos se sucedían uno a otro, confundiéndose en un prolongado ruido metálico del que destacaban diversos sones, unos agudos claros, otros roncos, que discordaban la armonía pero que la restablecían al desaparecer. De este ruido hubiera deducido cualquiera, después de largos años de ausencia, sin previa descripción y con los ojos cerrados, que se encontraba en la capital del Imperio...»

Robert Musil, *El hombre sin atributos*[1]

En su brillante e inconclusa novela *El hombre sin atributos*, Robert Musil nos ofrece lo que él mismo describe como «lo fantasmal de los acontecimientos» durante los últimos años del Imperio austrohúngaro, añadiendo que «nada hay en mi novela histórica que no tenga validez aquí y ahora».[2] Aquí, nuestro cometido es significativamente más humilde. Nuestro protagonista no es un hombre sin atributos, sino unos atributos sin hombre: los de la música en ausencia de una presencia humana. No en vano, podríamos considerar una música audible sin la presencia de ningún músico como un «acontecimiento fantasmal», y a esto debemos añadir también la música cuya creación tampoco ha necesitado la presencia de músicos con instrumentos. Las tecnologías que han hecho posible esta situación son a la vez causa y efecto de unos cambios que afectan por igual, aunque de maneras distintas, al oyente, al creador musical y a la música en sí, especialmente en las dos últimas décadas. Entre las preguntas que plantean, y que intentaremos esbozar aquí, están: ¿Cómo ha cambiado el grado de actividad o pasividad del público que oye, escucha o, en nuestra sociedad de mercado, *consume* la música? ¿Cómo afecta la cambiante manera de fijar la música (memoria, notación, grabación) a su producción? ¿Cómo influye la posibilidad de escuchar música en casi cualquier sitio en casi cualquier momento en la definición de su categorización, sus usos o funciones sociales? E igualmente: ¿qué efectos han tenido estos cambios tecnológicos, sociales, *poiéticos* y de consumo en la experiencia de la música en directo o en diferido?

De tocar a escuchar... o quizá, oír

En su *Meditación de la técnica*, José Ortega y Gasset identifica las tres cosas que, según él, reflejaban los deseos predominantes «de los demás» en el ya lejano 1932. Hablando de lo que adquirirá una persona capacitada para satisfacerlos, vaticina que «lo primero que el nuevo rico se compra es un automóvil, una pianola y un fonógrafo».[3] Desde nuestra perspectiva actual, llama la atención que de esos tres objetos de deseo nada menos que dos son aparatos para reproducir música. Al remarcarlos como elementos prioritarios en el desiderátum social de su época, Ortega nos permite distinguir un cambio fundamental en la función social de la música entre el siglo xix y el xx. Si bien el salón del burgués del siglo xix no estaría completo sin un piano, una selección de partituras de «música de salón» y una o más hijas esforzándose por aprender a tocarlo, les guste la música o no, el del «nuevo rico» de la época de Ortega se completaría con una pianola, un fonógrafo y seguramente, en esas mismas fechas, una radio.

La diferencia es evidente. En pocas décadas, el ciudadano español de cierto nivel socioeconómico pasa de una relación *activa* con la música —tocarla al piano, con o sin voz, pero casi siempre con partitura— a otra distinta y, en opinión de este autor, *mucho* más pasiva: la de oírla reproducida por una máquina. Incluso este cambio está abierto a distingos, ya que en términos de pasividad no es lo mismo *oír* que *escuchar*.[4]

Para captar la importancia de este cambio hemos de tener en cuenta, también, otro aspecto implícito en la observación de Ortega: al individuo dotado de la necesaria (y nada desdeñable) liquidez para adquirir un fonógrafo, una pianola o las dos cosas, esa relación pasiva no solo lo libera de la necesidad de tocar, por no decir la onerosa dedicación que supone *aprender* a tocar; también le permite disfrutar de la música sin tener, siquiera, que encontrarse en presencia de otros que sí lo han hecho. Sonará en su propio salón lo que quiere que suene cuando quiere que lo haga, y sin la presencia de músicos de carne y hueso (muchos de ellos, en la España de la Gran Depresión, con más hueso que carne, por cierto).

Esta transición de una relación activa a otra esencialmente pasiva tampoco puede pasar desapercibida para el creador musical, mucho menos en una sociedad de mercado como la nuestra. Así, el compositor norteamericano y cofundador de la Columbia-Princeton Electronic Music Center, Roger Sessions, observó en 1949 que «hasta hace relativamente poco, presumiblemente, los compositores no concebían su música como algo, sobre todo, para ser escuchado, sino para ser cantado...».[5]

Obviamente, no desaparecen las anteriores relaciones con la música. Sigue habiendo músicos, tanto *amateurs* como profesionales; sigue habiendo conciertos, y sigue habiendo toda suerte de ceremonias como bodas, funerales y otras, sagradas o profanas, en las que suena música sin que constituya el elemento principal del evento. Y, en ellas, el oyente puede jugar un papel incluso más antiguo que el del burgués decimonónico que toca el piano en su salón o asiste a la ópera el sábado por la noche. Según Sessions, estos testigos o participantes de ceremonia «no eran oyentes en el sentido moderno del término. Oían los sonidos como parte de un ritual, obra de teatro o narrativa épica, y los aceptaban en su función puramente incidental o simbólica como algo subordinado a la ocasión de la que formaban parte».[6] Más importante, sin embargo, que la diferencia entre las ceremonias sociales centradas en la música (los conciertos) y las que incluyen música como parte de una actividad más amplia, es la brecha entre las circunstancias en las que se oye música «en vivo», y en las que, por primera vez, se oye reproducida mecánicamente.

De lugares y categorías

Antes del advenimiento de la música grabada, la raya se trazaba entre lugares donde suena música «popular» (bares, clubs, etc.) y los que permiten escuchar música «culta» (auditorios y similares). Ahora, esta distinción palidece ante la división entre música «enlatada» y música «en vivo», sea cual sea el lugar donde se presente esta última.

Pero si, como veremos más adelante, parecen haber menguado las diferencias entre los distintos lugares donde puede oírse música «en vivo», el número de sitios donde suena música «enlatada» se ha multiplicado de tal manera que, en algunos aspectos, vuelven irrelevante la misma cuestión de lugar. Al principio, la posibilidad de reproducir música mediante grabaciones la llevó a sitios donde nunca había estado antes, y con propósitos igualmente nuevos: animar a los consumidores a comprar más —el caso de supermercados, centros comerciales, grandes superficies, etc.— o bien tranquilizar a las masas en aeropuertos, estaciones de tren o autobús, restaurantes (especialmente «de cadena») o, en algunos países, hasta en ascensores.

Más recientemente, sin embargo, el desarrollo de dispositivos cada vez más portátiles (desde los primeros *walkmans* hasta el MP3) y métodos de escucha diseñados específicamente para aislar al oyente de su entorno más inmediato han forzado una importante reconsideración de nuestras ideas acerca de la relación entre música y lugar. En realidad, la música grabada y su portabilidad son parte de una serie de cambios tecnológicos que han revolucionado varias asociaciones milenarias. Como observa Simon Emmerson: «El impacto inicial de la grabación a finales del siglo XIX ya se consideraba profundo, y, sin embargo, es solo ahora que algunas de sus consecuencias se perciben claramente; el teléfono desligó la causa del sonido de su percepción, y la grabación añadió su desubicación».[7] Igualmente, Chris Cutler nota que «desde la existencia de la grabación, ha nacido un nuevo tipo de "pasado" y "presente". El tiempo y el espacio son homogeneizados por el altavoz casero o los auriculares...».[8]

Otro desligamiento propiciado por la grabación musical, y aún más por el impacto de los dispositivos portátiles, es la separación entre música y ocasión. La descripción que nos ofrece Sessions de las personas que experimentaban ciertas músicas «como algo subordinado a la ocasión de la que formaba parte» supone que estas derivaban su razón de ser de la ocasión en la que sonaban.[9] La generalización de la escucha *portátil*, sin embargo, permite que sea el oyente quien elija libremente el contexto y la ocasión que quiere asignar a su propia experiencia. Nada impide que la *Misa Mi-Mi* de Johannes Ockeghem devenga su música favorita para la ocasión de preparar una buena tortilla de patatas, o que prefiera *El canto de los adolescentes,* de Karlheinz Stockhausen, para aislarse de su entorno cuando viaje en metro. Y una vez más, es importante reconocer que esto es algo que se *añade* a lo ya establecido, y no algo que lo reemplaza. Siempre habrá música asociada con ciertas ocasiones. La de discoteca, por ejemplo, encuentra su razón de ser, entre otras cosas, en la milenaria existencia de los rituales de emparejamiento, sin los cuales muchos de nosotros no estaríamos en este planeta. No es fácil imaginarse que desaparezcan estos, ni tampoco su vinculación con determinadas músicas (aunque distintas en cada época). Por otra parte, en una economía de mercado como la nuestra, las grabaciones musicales no pueden existir con independencia de una mercantilización que impone la necesidad de algún tipo de etiquetación. Y, en ausencia de usos predeterminados (música de baile, de bodas, de arte, de misa, etc.), ha habido que encontrar otra taxonomía más favorable para su venta, es decir, a los esfuerzos del mercado por poner de moda un «estilo» musical u otro. Y como bien observó Oscar Wilde, «una moda es simplemente una forma de fealdad tan absolutamente insoportable que tenemos que cambiarla cada seis meses».[10]

La escucha visual y la escucha ciega

Bien es sabido que la experiencia de la música «en vivo» no es exclusivamente auditiva. Además de los múltiples efectos emocionales de compartir un concierto con otros, el asistente atento recibe, en gran parte inconscientemente, una plétora de «pistas» visuales sobre diversos aspectos del discurrir musical. Autores como el músico y lingüista cognitivista danés Per Aage Brandt han formulado distintas hipótesis sobre la forma y la medida en que el oyente/observador *lee* la gestualidad del músico en términos de intención para luego interiorizar la relación entre frase e intencionalidad y así poder generar, cuando escucha música grabada, una recreación vicaria y totalmente subjetiva de las intenciones del músico.[11] Según esta idea, propuesta antes del descubrimiento de las neuronas espejo, el oyente necesitaría una previa experiencia visual de determinados tipos de música para poder llevar a cabo esa recreación posterior. Esto ayuda a entender por qué, a un oyente lego, determinadas músicas comparativamente complejas pueden resultar placenteras en un concierto, pero casi incomprensibles en un disco. El pensamiento de Brandt en este sentido refleja el estado más o menos actual de las reflexiones sobre un tema candente desde, como mínimo, el advenimiento de la radio. Así, en 1936, Rudolf Arnheim escribiría que «la radio reclama la completa atención del teórico de arte porque por primera vez en la historia de la humanidad realiza experimentos prácticos con una forma enteramente inexplorada de expresión en sonido puro, a saber, la escucha ciega».[12]

Desde nuestra perspectiva actual, nos resulta refrescante el optimismo de este teórico alemán, al igual que la inocencia de su referencia al «sonido puro». Y es justamente su actitud ante la novedad, en ese momento, de la «escucha ciega» la que nos animaría, en un texto de mayor extensión, a preguntarnos cómo ha podido cambiar la naturaleza de nuestra experiencia de la música grabada. Sin embargo, no podemos eludir cuestiones sobre, por un lado, cómo habrá cambiado la escucha a medida que el ser humano se acostumbra a experimentar la música totalmente desprovista de pistas visuales, y por el otro, cómo habrá cambiado esa música. Es decir que, si bien en la época de Arnheim se trataba de grabaciones (o emisiones radiofónicas) de música producida por seres humanos en una situación no muy distinta a como se habría hecho para un concierto, hoy en día se está creando música específicamente para soportes «ciegos». Es esto lo que nos lleva a calificar las reflexiones de Brandt como «más o menos» actuales, ya que hoy en día buena parte de la música que pasa por los auriculares de incontables oyentes no tiene, en sus orígenes, ninguna existencia física. Se construye en un entorno puramente electrónico y nace solo indirectamente del tipo de gestualidad que Brandt asocia con instrumentistas tradicionales. Esto nos lleva a la segunda parte del presente texto, en la que nos interrogaremos sobre cómo lo comentado hasta ahora ha afectado (¿liberado?) a los creadores musicales, y a su música, en estas dos últimas décadas.

La mediación (o su ausencia) como elemento de transformación

En «La posmodernidad y el mercado», Jameson describe, no sin cierta ironía, cómo «Marx desbarata las esperanzas y los anhelos de simplicidad de los proudhonianos, que pensaban que se librarían de todos los problemas del dinero aboliendo el dinero».[13] Esta misma ironía emerge cuando recordamos el optimismo con el que, en las décadas de 1950 y 1960, algunos compositores defendían la música electroacústica como una liberación de todos los problemas asociados con el intérprete. No parecen haberse dado cuenta de que, cual Aretusa (Ovidio, *Metamorfosis*, V, 572-641), quien se transformó en agua para protegerse, irónicamente, de ese mismo elemento en forma de dios fluvial, los compositores, con su empleo de la cinta magnética como soporte, se convertían en sus propios intérpretes, repartiendo así la problemática entre ellos mismos y las limitaciones del medio electrónico de la época. Desde entonces, la existencia de música grabada *sin intérprete* ha asignado la cuestión interpretativa igualmente al *oyente*, aunque para que haya, realmente, *interpretación*, puede que este deba asumir la postura más activa de *escuchador*.

A efectos prácticos, para el creador musical, la eliminación del intermediario humano ha supuesto algo mucho más liberador, ya que suprimir al intérprete le permite suprimir la notación. El cambiante equilibrio entre la función de una partitura como expresión de las ideas musicales del compositor, y la de conjunto de instrucciones sobre lo que tiene que hacer el intérprete, se desvanece cuando el creador musical puede plasmar sus ideas directamente en sonido. Pero este cambio tiene aún mayores implicaciones para la creación musical y para la música que se crea. La notación musical es enormemente limitada. Especifica, aunque con notable vaguedad, una gama relativamente reducida de parámetros musicales, y apenas dispone de maneras de *describir* otros con términos verbales. Obviamente, ha habido y sigue habiendo esfuerzos admirables para adaptarla a las necesidades musicales actuales, pero el problema no reside exclusivamente en su capacidad de expresar un aspecto u otro del lenguaje musical, sino en el grado en que estas limitaciones tienden a canalizar el pensamiento musical por los parámetros que sí puede expresar. Como observa François Bayle:

> Cuando haces música con sonidos y la organizas con las manos —un poco como un pintor o un escultor, pero un escultor de co-

sas inmateriales— el hecho de tener una notación es enteramente insignificante. De hecho, la realidad que se está manipulando es mucho más compleja de lo que puede plasmar en un papel; ese es el propósito del arte... que yo llamo *concreto*: precisamente, corto-circuitar la reducción impuesta por la notación.[14]

Llama la atención aquí que Bayle se refiere a una música que «organizas con las manos», sobre todo porque en realidad está trabajando con medios electroacústicos, donde muchos sonidos no reflejan un gesto humano porque ni siquiera fueron generados por ellos. Otra cuestión es su capacidad de transmitir una sensación de gestualidad (e intención, según Brandt) en el contexto del discurso.

Frase, gesto y cuerpo

Esto nos lleva a una problemática fundamental en la música de todo tipo en estas dos últimas décadas: la relación entre frase y gesto. ¿Dónde estaría la música de baile si no llamara al cuerpo, si no tuviera ese fuerte sentido de ritmo cinético que asociamos con el movimiento humano? Y si una música de cualquier género se produce sin la participación instrumental de intérpretes humanos, ¿qué relación tendrán sus frases con el concepto de *gesto*? ¿Haría falta limitar sus proporciones temporales a las posibilidades físicas del cuerpo humano cuando no nacen de él? ¿Tendrá, siquiera, frases? o ¿Se relacionará más, como parece sugerir la lentísima velocidad de transición de muchas músicas *drone*, con la presencia en nuestro entorno sonoro cotidiano de sonidos continuos del tipo asociado por R. Murray Schafer con lo que llama la *revolución eléctrica*?[15]

Mnemónica, simbólica, analógica, digital

Grosso modo, podemos identificar cuatro grandes maneras de fijar la música. Y aunque su aparición ha sido consecutiva a lo largo del tiempo, hoy en día coexisten todas.

La primera y más antigua pertenece plenamente al mundo preliterario, cuyas formas de tratar la memoria y de elaborar el discurso han sido analizadas y descritas con admirable claridad por Walter J. Ong.[16] Con respecto a lo acontecido en las dos últimas décadas, observaríamos que, por su propia naturaleza, esta manera prepara al músico a relacionarse con el discurso sonoro de una forma muy directa. Por otra parte, su énfasis en la tradición y, por lo tanto, en un corpus de recursos sonoros ya establecidos, si bien podría estar reñido con determinados valores asociados con las vanguardias del siglo XX y todavía presentes hoy, como la innovación, el desarrollo de lenguaje o la originalidad (véase el rechazo, en su día, de figuras ahora canónicas de sus respectivas tradiciones orales, como Coltrane, Dolphy, o algunos «nuevos flamencos»), no lo estaría tanto con prácticas posmodernas como el apropiacionismo y la tendencia a ver el arte de todas las épocas como material para utilizar con entera libertad.

La segunda, la notación musical tal y como se conoce y emplea en Occidente, es un lenguaje simbólico. A estas alturas, es casi una perogrullada decir que el lenguaje estructura las posibilidades del pensamiento, y con la notación musical esto es manifiesto. Su capacidad de expresar con cierta precisión determinados parámetros musicales podría considerarse indicativa, en un primer momento, de la jerarquía paramétrica existente en la música clásica europea entre el siglo XIII y mediados del siglo XX. Esto explicaría, claramente, la supremacía de altura y duración como los dos elementos axiales de su discurso. Y, de hecho, en la notación clásica, son los que ocupan justamente los ejes vertical y horizontal. No obstante, el hecho de que defina otros parámetros con una vaguedad que raya en la disfuncionalidad nos parece indicativo, no tanto de la menor importancia que pudieran tener, sino de hasta qué punto esta limitación ha canalizado la concepción musical por los parámetros más fácilmente expresables.

La tercera es la grabación analógica, la cual fija, no las relaciones musicales de una obra musical, sino los sonidos en sí. Así, mientras que una transcripción para guitarra de una obra de Bach expresará la *idea* de la obra, una grabación de la misma pieza captará sus *sonidos*. Pero, además de los sonidos intencionales, captará todos los ruidos generados, no por el pensamiento del compositor, sino por el simple manejo físico del instrumento: los pequeños golpes, el ruido de los dedos deslizándose por las cuerdas entorchadas cuando la mano izquierda del intérprete cambia rápidamente de posición, etc.

Al principio, y a diferencia de la notación clásica, la grabación se consideraba una forma de captar los sonidos producidos por músicos y, por lo tanto, un elemento de registro, más que de creación. No obstante, el hecho de que las grabaciones analógicas consistan, generalmente, en señales magnéticas (registradas en cinta magnética) supone la posibilidad de generar señales eléctricas que pueden interpretarse como sonidos, aunque no provengan de ningún sonido previo. Esto, en una frase, es la síntesis analógica, una forma todavía válida e interesante de hacer música hoy.

La cuarta (la digitalización) es la capacidad de un microprocesador de *medir* distintos parámetros de sonido, aunque también pueden ser de luz en el caso de la grabación digital de vídeo. Estas medidas, aquí de frecuencia, amplitud o duración,[17] pueden ser grabadas y posteriormente descifradas y reproducidas para generar una sorprendentemente buena semejanza de lo original. Al igual que la grabación analógica, no distinguen cuestiones de intencionalidad; miden todo lo que entra por el micrófono y graban sus medidas. A diferencia de lo analógico, la grabación digital no produce una analogía del sonido, sino simplemente una lista de sus medidas, las cuales expresa en incontables secuencias de ceros y unos que funcionan, en cierto modo, como «píxeles sonoros». También es posible especificar medidas directamente en un ordenador para generar sonidos *ex nihilo*, técnica conocida como «síntesis digital». Hoy en día, se trata de una de las técnicas de creación musical más empleadas y más repartidas entre estilos musicales de todo el espectro.

El acceso, la institución y el *Salon des Refusés*

Para el creador musical actual, es muy posible que el aspecto más importante de la digitalización de la música sea su accesibilidad a través del ordenador. Claro está que puede controlarse el sonido digital con más o menos precisión desde innumerables dispositivos, incluidos el teléfono móvil, las tabletas o, a un nivel más complejo, los sintetizadores y otros instrumentos musicales digitales, además de varios tipos de grabadoras. Sin embargo, es el ordenador, tanto el portátil como el de mesa, el dispositivo más empleado actualmente para manejar el sonido en entornos digitales, y esto ha cambiado enormemente el oficio, el proceder y el lenguaje de los músicos en estas dos últimas décadas.

Aquí, la palabra clave es *accesibilidad*. En primer lugar, el ordenador en sí es accesible a una creciente porción de la población; máxime cuando se tiene en cuenta que, a diferencia de un piano o un gramófono, ofrece innumerables usos más allá de su capacidad de generar, producir o reproducir música. Para el creador musical, tanto o más importante que la accesibilidad del ordenador es el acceso que permite este aparato a niveles de control de sonido prácticamente inalcanzables hace veinte años. La drástica caída en estos años del número de estudios de grabación profesionales es un claro indicador del cambio que ha supuesto para el músico, y para la industria musical, la entrada masiva del ordenador como elemento clave en el quehacer de los creadores musicales. La posibilidad tanto de generar sonidos digitalmente, como de grabar el sonido de instrumentos acústicos con lo que se suele llamar «calidad digital», ha supuesto un antes y un después.

Igualmente, la desaparición de laboratorios institucionales de electroacústica (el de la BBC en 1998, seguido por el WDR en 2000 y Bourges en 2011) expresa elocuentemente otro aspecto de este nuevo sentido de accesibilidad.[18] Sin necesidad de responder a la pregunta de hasta qué punto, con los años, los grandes laboratorios institucionales de electroacústica se habían convertido más bien en laboratorios de electroacústica institucional, debemos reconocer que la mayoría de ellos nunca fueron accesibles a cualquiera, sino más bien a una élite. Por otra parte, no debemos olvidar que, hoy en día, músicos de todo tipo, orientación o procedencia están sentados delante de su ordenador, creando sus propias músicas con programas diseñados directamente en esos laboratorios (como Max/MSP, desarrollado en el IRCAM de París) o fuera de ellos por personas que trabajan o han trabajado allí (como Pure Data). A efectos prácticos, esto quiere decir que hoy la creación sonora con medios electroacústicos (la cual abarca un panorama que va desde los sonidos de los teléfonos móviles hasta la composición electroacústica institucional con todos los géneros populares y comerciales entre medias) está al alcance de casi todos los creadores musicales interesados en explorar o explotarla, tengan o no las credenciales que les habrían permitido la entrada a las instituciones que constituían, hasta hace realmente pocos años, el único acceso posible a herramientas muy similares.

Otro aspecto igualmente interesante en términos de acceso es la similitud entre programas de manejo de sonido y los que permiten trabajar con imagen. Hay incluso programas (el ya citado Max/MSP, que incluye una parte para imagen llamada *Jitter*) capaces de manejar y combinar ambos medios. Esto supone varios tipos de acceso. Por un lado, permite al creador musical incorporar a su trabajo medios cuyo manejo requería habilidades muy distintas hace relativamente pocos años; es decir, que, a nivel poiético, esta similitud le permite *pensar* en varios medios. Como ha observado Simon Waters: «A medida que se vuelven más similares los entornos de trabajo en distintas disciplinas, emergen inquietudes comunes, así como un lenguaje crítico compartido y la posibilidad de disciplinas híbridas».[19] Y por el otro, permite la entrada en la música (por ejemplo) de personas formadas en otras artes, pero interesadas en explorar, también, la creación sonora. El riesgo de descubrir el Mediterráneo es evidente, pero también lo es el hecho de que el conjunto de habilidades que constituyen el oficio del creador ha cambiado tanto en estos años que buena parte de lo que sabe una persona formada en el manejo informático de otros medios digitales resulta igualmente útil para el tratamiento del sonido, siempre y cuando estos conocimientos vayan acompañados de la capacidad perceptiva, la sensibilidad y la imaginación necesarias. Basta con considerar la casi completa falta de similitud entre, por un lado, el manejo de los óleos y , por el otro, la orquestación o la armonía, para entender que el creador proveniente de otras disciplinas que aspira a crear música hoy disfruta de un acceso inimaginable en épocas anteriores.

Por último, cabe observar que, si bien las herramientas digitales disponibles en un ordenador de calidad media han llevado el lugar de la creación musical seria y pulida desde los laboratorios institucionales y los grandes estudios de grabación hasta las habitaciones de incontables creadores actuales, también han supuesto otro tipo de acceso al oyente. Junto a la posibilidad de escuchar «música ciega» en casi cualquier lugar, las personas interesadas en ver y escuchar la música en vivo la podrán encontrar en lugares donde anteriormente predominaban músicas menos arriesgadas. Hoy, en todas las ciudades principales de Occidente, algunos de los músicos más preclaros y comprometidos con su medio están actuando en galerías de arte, bares e incluso los salones de casas para públicos pequeños pero fascinados con la intimidad que les brinda la escala de estas nuevas músicas.

En su presentación de la pintura de la segunda mitad del siglo XIX, las Historias del Arte escritas para el lector aficionado suelen ensalzar el impresionismo como uno de los movimientos más importantes de su época, y no les falta razón. No obstante, es probable que un lector despierto se pregunte cómo puede ser que las obras más importantes de su tiempo se expusieran en el *Salon des Refusés*.[20] La respuesta es que, en las artes, lo importante no tiene por qué ser equivalente a lo canónico de su época, y muy a menudo no lo es. Para el músico actual, muy posiblemente, el *Salon des Refusés* será una galería de arte, un bar o la casa de un amigo.

Wade Matthews

Doctor en Composición y Electroacústica por la Columbia University de Nueva York, vive en Madrid, donde se dedica a pensar, sirviéndose indistintamente de sonidos y palabras. Emplea la libre improvisación musical, los retratos sonoros, la escritura y otras formas de reflexión verbal, incluidas conferencias, clases magistrales y talleres. Viaja incansablemente, lee todo lo que puede y colabora con otros músicos, bailarines, artistas plásticos e investigadores del mundo sonoro. Sus libros incluyen *Improvisando. La libre creación musical* (Turner, 2012) e *Ínsulas*, un libro/disco con retratos sonoros de las Islas Canarias.

www.wadematthews.info

Trans-
(prefijo)

Ir más allá para cuestionar el más acá.

En la divulgación y enseñanza de la música, pocas veces se pone en duda el canon que sustenta cómo la definimos. Se habla de las grandes figuras, de los acontecimientos más importantes, de las obras relevantes. ¿Es posible contar la música de otras maneras? ¿Es posible superar el canon? ¿Cómo es crítica la pedagogía?

6.
LA MÚSICA SIN ÉLITES: PEDAGOGÍAS CRÍTICAS

Cristina Cubells

Para hablar de «música sin élites» es necesario pensar qué consideramos por élite en la música; cuáles son los conceptos, creencias, conocimientos y valores que legitiman una música con respecto a otra, y en qué medida estos construyen el imaginario ideológico, político, social y cultural que organizamos en torno a ella. Las élites tienen que ver con las prácticas, los contextos, los formatos y los rituales que existen en torno a la música. Pensar la música sin élites es, por lo tanto, pensar qué le queda a la música si deja de ser «elitista» y si puede sobrevivir sin aquello que la constituye como élite.

Los contextos culturales emergentes, en un intento por romper con los mitos que operan en torno a la música, proponen un acercamiento a la sociedad a través de formas y contenidos amables, cercanos, «accesibles». Sin embargo, encontramos iniciativas que, lejos de considerar nuevas formas de pensar y relacionarnos con la música, tienen como efecto un empobrecimiento de nuestra relación con ella. Parece preciso preguntarnos si el acceso y la apertura *per se*, sin una revisión crítica de las lógicas que articulan aquello que denominamos *elitista* en la música, nos llevan a una falsa idea de «democratización» de la música, a una especie de «elitismo» para todos, y, en consecuencia, a un refuerzo de los estereotipos que construimos y asumimos en torno a la música. Ante estos nuevos escenarios, es necesario preguntarnos qué papel juega hoy la educación musical y qué condiciones son necesarias para desarrollar pedagogías críticas que cuestionen los paradigmas educativos actuales.

La pedagogía crítica supone el análisis de las experiencias comunes y cotidianas, en todas las esferas políticas, educativas y sociales. No se trata, por lo tanto, de reproducir modelos ya existentes, sino de cuestionar el marco desde el que son producidos dichos modelos. Una educación crítica se caracteriza por la construcción de nuevas realidades y por la creación de nuevas posibilidades de conocimiento y de acción. Y para ello es necesario «perturbar» y «complicar» las ideologías existentes.

En esta línea, el concepto de transgresión juega hoy un papel importante. Como acción de las nuevas pedagogías «disruptivas», «alternativas» o «radicales», la transgresión busca quebrantar, violar y desobedecer las normas. No obstante, este fenómeno tiene sus propios límites y contradicciones en cuanto a su capacidad de proyectar nuevos marcos de acción. Este planteamiento nos lleva a cuestionar si la transgresión, como ejercicio de transformación y reelaboración de las reglas del juego, es capaz de proponer nuevos escenarios o si bien reproduce los mismos bajo otras apariencias. Y para ello, situaremos el análisis dentro de las aulas. Pese a que la pedagogía crítica no se limita a las aulas, lo cierto es que estas juegan un papel muy importante a la hora de confirmar y reconfirmar las ideologías existentes en el sistema educativo. Como esferas culturales y políticas, las escuelas son una de las formas más activas en cuanto a la producción de normas, valores y creencias, y también son espacios que configuran buena parte de nuestras actitudes, prácticas, comportamientos y experiencias primarias. Pero, sobre todo, las aulas son el reflejo de un sistema encorsetado y limitado a unas demandas educativas más coherentes con las lógicas del pasado que con las necesidades actuales. Por ello, es preciso que volvamos a ellas.

La transgresión en las nuevas pedagogías

En 2007, la autora e ilustradora canadiense Keri Smith publica por primera vez *Destroza este diario*, un libro con el que anima al lector a hacer lo contrario de lo que se supone que se debe hacer con un diario, siguiendo una serie de instrucciones como derramar café, quemar el índice, rallar el lomo, atar una cuerda a la portada, agujerear, escupir, lamer o mojar las páginas. Desde que comenzó esta fiebre por el destrozo, ya son muchos los que se han unido a la comunidad oficial de destrozadores, en la que comparten sus propuestas y discuten los últimos retos y tendencias. A esta moda se le han sumado nuevas publicaciones, *packs* con los materiales indispensables y ediciones como «El maletín: Destroza este diario», «Los nuevos retos: Rompe este diario en cualquier sitio», «El pack navideño: Destroza este diario», «Destroza este diario. Ahora a todo color» y la reciente aplicación «Destroza este diario» para crear y destruir sobre la pantalla.

Lejos de lo común, la autora propone el desafío de enfrentarse a la incomodidad de destrozar algo tan querido como un diario, al mismo tiempo que ofrece un respiro, un refugio y un lugar seguro en el que superar el miedo a la página en blanco. Si hasta ahora el diario era el lugar donde dejar constancia de nuestras preocupaciones, *Destroza este diario* se convierte en un espacio de experimentación donde solo tienen cabida los actos destructivos y donde cualquiera puede mostrar sus ha-bilidades «creativas».[1]

Las propuestas de Smith son ejemplos de una «tendencia» peda-gógica que tiene como pilar fundamental la transgresión de lo común. Ante esta tendencia, la experiencia artística se vuelve la herramienta pre-dilecta para llevar a cabo la transgresión y el niño es situado como centro del proceso creativo: «Sé un Pollock», «Saca al artista que llevas dentro», «El artista eres tú», etc.

La «transgresión» se muestra así como un ejercicio de des-lectu-ra, donde lo anterior no se desactiva y prevalece como norma. La con-tradicción, por lo tanto, estaría en la combinación de lo prohibido y su violación permanente. En otras palabras, *Destroza este diario* sería un ejercicio interminable de des-lectura donde se mantiene la tradición —el diario— para disfrutar de su profanación —el destrozo— y, de ese modo, permitirnos disfrutar de lo prohibido.[2]

La transgresión también actúa dentro de las pedagogías musicales adoptando nuevas formas y contenidos. En cuanto a la «transgresión» de la forma, la tendencia es apostar por metodologías innovadoras que solo débilmente inciden en los contenidos. Esta aparente originalidad hace que los contenidos adopten el aspecto de «innovadores» no por lo que dicen, sino por cómo son presentados. Por ejemplo, *Música clá-sica para dummies*[3] o *Toca el piano: Interpreta a Bach en seis semanas*.[4] Los mitos que operan en torno a ellos —la idea del genio romántico, las grandes obras universales, etc.— acaban reproduciendo unos estereo-tipos que impregnan las prácticas debido al atractivo de sus formatos (QR, audiovisuales, etc.). Mientras que la «innovación» metodológica reproduce un mismo discurso bajo formas seductoras, la transgresión del contenido esconde, en el fondo, la adopción acrítica de un modelo todavía vigente (como, por ejemplo, *¡Oh! Un libro con sonidos*).[5] El nue-vo contenido quedaría, por tanto, sujeto a un marco no superado. ¿Es la transgresión una actitud condenada a «vivir en el intento»? ¿Es un ejerci-cio incapaz de iniciar un nuevo capítulo? En el siguiente punto, profundi-zaremos en la problemática de incorporar música de nueva creación en el aula. Abordaremos los intentos de proponer una nueva relación con lo sonoro en un marco donde el sonido es aquello que participa de una idea preestablecida.

Cuando la transgresión entra en las aulas

¿Qué enseñamos cuando enseñamos música? Esta pregunta nos lleva a plantear, en primer lugar, un estado de la cuestión de la enseñanza musical en las aulas. En una aproximación entre la música y la pedagogía crítica, Carabetta[6] considera que los estudios musicales no acaban de encontrar «un lugar valorado» en cuanto a su aporte educativo se refiere. Históricamente, las enseñanzas artísticas han tenido una menor presencia con respecto a otras asignaturas porque el vínculo del sistema curricular a una «cultura del positivismo» ha estado muy presente en los sistemas de evaluación. Esto ha provocado que, durante muchos años, la música quedara en segundo plano frente a otras áreas consideradas de mayor «prestigio».

No hay duda de que, hoy en día, existe un reconocimiento mayor de la importancia de los estudios musicales en la formación integral del alumno. La música y las artes en general se filtran en el aula con mucha más fuerza, llegando en algunos casos a vertebrar todas las demás materias, en una suerte de educación artística integral. Pero hay una cuestión de fondo que va más allá de cuán valorada esté la música y es bajo qué premisas se legitima su valor:

> Las pedagogías que se suelen poner en práctica en estos momentos continúan teniendo un carácter funcionalista y determinista, pues no se tiene en cuenta que la mera incorporación de nuevas aproximaciones didácticas y la inclusión de novedosos instrumentos tecnológicos —o iniciativas artísticas— no modifican la lógica industrial de la escuela del pasado. Eso provoca que las únicas modificaciones que se incorporan sean puramente estéticas y superfluas, pero que la esencia del modelo industrial —tecnológico, positivista— permanezca día a día en las aulas.[7]

La música, para poder «legitimarse» entre las demás asignaturas, ha debido ajustarse a las demandas específicas de un modelo de evaluación preestablecido. Esto ha derivado en una «crisis de legitimidad», en la que la educación musical defiende su espacio en el currículo general no solo prometiendo beneficios que no produce, sino también ocasionando un efecto contrario a lo que promete:

> La música ha defendido su lugar en el currículo escolar aludiendo a un supuesto valor estético de la música y la necesidad de que los alumnos transiten por esta experiencia estética como parte de su formación básica. Uno de los problemas de fondo es que el término «estética» sería utilizado de manera acrítica y presuponiendo la universalidad de su significado.[8]

De forma específica, las prácticas que incorporan música de creación actual suponen una confrontación con el modelo vigente en tanto se consideran bajo la premisa de lo legitimado como «música», que es la que afirma el lenguaje común desde donde se piensan todas las prácticas. Por ello, a pesar de constituir espacios innovadores no reducidos a un concepto unitario de «música», hasta que no se revise la propia definición de música, estas prácticas acaban reducidas a un gesto de «transgresión» sin largo alcance.

Muchas de las nuevas iniciativas responden al «poder de la música» como herramienta para «educar en valores humanos», «fomentar la imaginación», «desarrollar la sensibilidad artística» o «estimular la creatividad». En las propuestas actuales, es bastante común el «apreciar nuevas formas de expresión artística» y «abrirnos a nuevos horizontes sonoros». Estos atributos responden a un cambio de perspectiva en la relación alumno-música, donde el foco está en aquello que la música puede hacer en beneficio del alumno y no en aquello que este sabe de ella —bajo esa concepción en la que «saber» más contribuye a entenderla mejor.— Pero el modelo vigente sigue reproduciendo concepciones basadas en la «sacralización» de la música clásica como el modelo para acercarnos a cualquier música.

Las nuevas categorías operan de ese modo en sustitución de las categorías ligadas a una concepción estética de la música definida como un *a priori* (cultivo de la sensibilidad, el entendimiento, el refinamiento del gusto) y vinculada estrechamente con el paradigma estético-musical consolidado a finales del siglo XVIII.[9] Además, a ojos del sistema de evaluación, las nuevas categorías resultan mucho más imprecisas y borrosas, porque, al contrario que las tradicionales, niegan un sistema del que dependen para ser valoradas: ¿cómo sabemos que hemos «desarrollado la sensibilidad»?, ¿en qué medida «mejora la capacidad emocional»?, ¿podemos evaluar «la apreciación de nuevas expresiones artísticas»?, etc.

La diversificación de géneros, gustos o estilos y la relevancia de aquello que los estudiantes escuchan cotidianamente, se hace cada vez más presente en las aulas. La tendencia a diluir las fronteras entre músicas está cada vez más presente. Pero el acercamiento a «otras músicas» se tiñe de «lo clásico» e incorpora cuestiones y formas analíticas preestablecidas; es decir, se presupone la diversidad de músicas que hasta ahora habían sido minimizadas en el aula, pero siempre desde el filtro de lo clásico.

Las convicciones que comúnmente se presuponen suponen la letanía de la concepción tradicional: «la música como concepto unitario», «toda la música puede ser evaluada por los mismos criterios universales», «la música clásica occidental como referente» y «la distinción entre rasgos auténticamente musicales y rasgos extramusicales».[10] De ahí se derivan los parámetros empleados para su análisis —ritmo, instrumentación, características armónicas o melódicas, estructura, etc.— que determinan una escucha analítica y estructural, de modo que cuanto más logremos detallarlos, más «comprenderemos» la música. Estos parámetros, tratados de forma independiente entre sí —análisis del ritmo, de la estructura, de la melodía, etc.— y del contexto sociocultural de donde emergen las prácticas, excluyen del territorio de lo «extramusical» aquello que no puede ser descrito bajo sus consideraciones. Favio Shifres resume la idea de este modo:

> El análisis sería descrito como del encuentro entre la búsqueda de jerarquías y el evento sonoro-musical, a menudo inscripto en algún modo que pueda ser fijado para el estudio. El encuentro consiste en escuchas estructurales —escuchas con atención explícita al diseño musical y arquitectura— seguido de la reflexión y la síntesis, y es soportado por la habilidad y la experiencia musical del analista [...]. El resultado central del análisis es la identificación y agrupamiento de patrones sonoros manifiestos y sus relaciones con los esquemas gobernantes en una obra, repertorio o género.[11]

El elemento transgresor debería actuar aquí en la búsqueda de nuevas categorías que amplíen la relación con lo sonoro y lo liberen de un análisis limitante de la escucha. Estas nuevas categorías quedarían sujetas a cómo hemos aprendido a relacionarnos con la música: desde aquello que la música nos cuenta y podemos contar de ella —esto es, reproduciendo el mismo patrón de relación con la música—, pero ampliando su alcance en torno a lo visual, perceptivo, textural, etc.

Pongamos por caso que queremos introducir el concepto de «textura musical» en el aula de música. Como categoría que amplía la noción «clásica» de textura, la textura musical deja de ser un concepto ligado a la escritura musical para pasar a ser un concepto propio de la escucha. En cierta música que categorizamos como «textural», la percepción global de la escucha no puede reducirse a sus parámetros simples, sino que se crea un compacto sonoro que se percibe como textura.

La categoría de textura nos plantea un modo de escucha que no puede reducirse a categorías simples y que, por lo tanto, necesita de nuevas construcciones (por ejemplo, cuando nos referimos a sonoridades densas, compactas, ásperas, finas, traslúcidas, cercanas o lejanas). Dicha categoría nos permite así ampliar el rango de escucha y no limitarlo a un análisis estructural de los elementos que teóricamente la constituyen. Sin embargo, no problematiza la construcción de nuestra forma de relacionarnos con la música, en tanto que necesitamos contarla para poder «comprenderla».

En síntesis, la «transgresión» reside en la incorporación de una nueva categoría que amplía la relación con lo sonoro. Nos permite pensarlo de forma global y no desde la singularidad de unos parámetros preestablecidos. Sin embargo, no supera el marco desde el que hemos aprendido a relacionarnos con él, sino que tan solo lo amplía a través de un juego metafórico de nuevas categorías. En este gesto de la «transgresión» aceptamos, por tanto, la pérdida de aquello que no puede ser contado.

¿Hacia dónde se dirige la pedagogía?

La educación es mucho más que la transmisión de información; tiene que ver más bien con la articulación de nuevas condiciones para el conocimiento y de una disposición de aprendizaje distinta. Más que algo por conocer, debe ser una forma de conocer. Para ello, hace falta mucho más que la incorporación de contenidos nuevos o la búsqueda de nuevas estrategias que hagan más accesible el contenido.

El gesto de la transgresión, como alternativa a los modelos tradicionales, niega la norma a través de su incumplimiento, pero su gesto nos descubre que la norma prevalece, ya que sin ella no podríamos describir una acción como transgresora. Por lo tanto, no hay clausura, ni posibilidad de una nueva acción, si no es en el mismo marco que se conserva para que la acción tenga sentido. Parece oportuno preguntarnos si podemos superar el gesto de la transgresión o si debemos seguir «borrando» lo anterior, aceptando su vigencia a falta de un nuevo horizonte en el que situarnos.

Es preciso volver a preguntarnos qué enseñamos cuando enseñamos música y detectar cuáles son los límites y las fricciones que aparecen cuando introducimos experiencias «transgresoras», «alternativas» o «disruptivas» en el aula. La escuela no puede ni debe ignorar las nuevas prácticas musicales. Debe construir una relación más amplia y rica con el sonido en un ambiente de aprendizajes cruzados y experiencias compartidas. Pero, para ello, es esencial repensar las lógicas que atraviesan las aulas, y esto significa que no podemos reducirnos a enseñar la música, sea esta cual sea. Necesitamos desarrollar una nueva relación con lo sonoro en un marco que nos lleve a escuchar no algo distinto, sino algo nuevo. Un cuestionamiento de por qué las pedagogías críticas no llegan a difundirse en el campo de la educación musical de la misma manera que lo hacen en otros ámbitos. Una reformulación constante de los pilares básicos de la pedagogía musical, cuya tarea sea mostrar la complejidad de la pregunta y la fragilidad de cualquier respuesta.

Cristina Cubells
Graduada en Psicología (UB), Pedagogía Musical (ESMUC) y máster en Teoría y Crítica de la Cultura (UC3M). Desde 2017, dirige el seminario *Hacia Nuevos Horizontes de Escucha* de la Facultad de Humanidades de la Universidad Carlos III y recientemente *Debates sonoros*, un programa de verano sobre música, cultura y política. Interesada en el cruce de las pedagogías críticas de la música y la creación escénica para jóvenes, ha realizado el proyecto *ExtremActual* junto al Ensemble Sonido Extremo, *X_ENSEMS* en el Festival de Música Contemporánea ENSEMS, la dirección escénica de *Historia de un Soldado* en los Teatros del Canal y *Struwwelpeter: cuentos crueles al oído*, un proyecto de nueva creación, videoarte y electrónica.

www.cristinacubells.com

VOZ Q

La voz masculina está identificada con la autoridad, el conocimiento y el contenido. La de la mujer con la sensualidad, el placer y la fonética. Las mujeres, cuando empezaron a sonar en la televisión, tenían que hablar sin que se les corriera el pintalabios (hay que vigilar sobre todo las palabras que empiezan por "p"). Y hablar más grave. Es decir, aparentar juventud, pero con un deje de mujer experimentada. La voz femenina ha descendido casi un tono en el último siglo, casualmente —o no— cuando se ha incorporado al mundo del trabajo —el regido por los hombres—. Alexa, Siri o Cortana hablan como mujeres. Porque sirven.

Hay un *software* de voz que renuncia al binomio. Es Q: https://qz.com/work/1577597/this-ai-voice-is-gender-neutral-unlike-siri-and-alexa/

ASMR

sssssss rrrrrr shhhhhhhhhhhh grrrr zzzzzz sssssss rrrrrr shhhhhhhhhhhh grrrr zzzzzz sssssss rrrrrr shhhhhhhhhhhh grrrr zzzzzz sssssss rrrrrr shhhhhhhhhhhh grrrr zzzzzz rrrrr shhhhhhhhhhhh grrrr zzzzzz sssssss rrrrrr shhhhhhhhhhhh grrrr zzzzzz sssssss rrrrr shhhhhhhhhhhh grrrr zzzzzz sssssss rrrrrr shhhhhhhhhhhh grrrr zzzzzz sssssss rrrrr shhhhhhhhhhhh grrrr zzzzzz sssssss rrrrr shhhhhhhhhhhh grrrr zzzzzz sssssss rrrrrr shhhhhhhhhhhh grrrr zzzzzz sssssss rrrrrr shhhhhhhhhhhh grrrr zzzzzz sssssss rrrrr shhhhhhhhhhhh grrrr zzzzzz sssssss rrrrrr shhhhhhhhhhhh grrrr zzzzzz sssssss rrrrrr shhhhhhhhhhhh grrrr zzzzzz sssssss rrrrrr shhhhhhhhhhhh grrrr zzzzzz sssssss rrrrr shhhhhhhhhhhh grrrr zzzzzz sssssss rrrrrr shhhhhhhhhhhh grrrr zzzzzz sssssss rrrrr shhhhhhhhhhhh grrrr zzzzzz sssssss rrrrr shhhhhhhhhhhh grrrr zzzzzz sssssss rrrrrr shhhhhhhhhhhh grrrr zzzzzz sssssss rrrrrr shhhhhhhhhhhh grrrr zzzzzz ssssssss rrrrr ohhhhhhhhhhhh grrrr zzzzzz cccccccc rrrrr ohhhhhhhhhhhh grrrr zzzzzz sssssss rrrrr shhhhhhhhhhhh grrrr zzzzzz sssssss rrrrr shhhhhhhh grrrr zzzzzz sssssss rrrrr shhhhhhhhhhhh grrrr zzzzzz sssssss rrrrrrssssss rrrrr shhhhhhhhhh grrrr zzzzzz sssssss rrrrr r zzzzzz sssssss rrrrr shhhhhhhhhhhh grrrr zzzzzz sssssss rrrrrr shhhhhhhhhhhh grrrr shhhhhhhh grrrr zzzzzz hhhhhh grrrr zzzzzz sssssss rrrrr shhhhhhhhhhhh grrrr zzzzzz sssssss rrrrr shhhhhhhhhhhh grrrr zzzzzz sssssss rrrrr shhhhhhhhhhhh grrrr zzzzzz sshhhhh grrrr zzzzzz sssssss rrrrr shhhhhhhhhhhh grrrr zzzzzz sssssss rrrrrrshhhhhhhhhhhhhh grrrr zzzzzz sssssss rrrrr shhhhhhhhhhhh grrrr zz rrrrr shhhhhhhhhhhhhhzzzz sssssss rrrrr shhhhhhhhhhhh grrrr zzzzzz sssssss rrrrr shhhhhhhhhhhh grrrr zs rrrrr shhhhhhhhhhhh grrrr zzzzzz sssssss rrrrr shhhhhhhhhhhh grrrr zzzzzz ssssss rrrrr shhhhhhhhhhhh grrrr zzzzzz eeeeee rrrrr shhhhhhhhhhhh grrrr zzzzzz sssssss rrrrr shhhhhhhhhhhh grrrr zzzzzz sssssss rrrrrrhhhh grrrr zzzzzz sssssss rrrrr shhhhhhhhhhhh grrrr zzzzzz ssssssssssssssssssssssssssss rrrrr shhhhhhhhhhhhhhhhhhh grrrr zs rrr

MP3

La escucha privada se analiza por una pretendida inteligencia artificial que decide qué quitar y qué dejar, es decir, qué resulta supuestamente superfluo del archivo de audio. Una tecnología para todos para mermar la experiencia de cada uno.

De este modo, los archivos de audio se volvieron más y más pequeños, como Alicia cuando bebió aquel brebaje para entrar por la puerta al País de las Maravillas. Su pequeñísimo empaquetamiento convirtió al MP3 rápidamente en el formato más querido de las redes y los dispositivos personales de reproducción de música. La reducción radical del tamaño del archivo — ¡Alicia ya ha entrado! — no solo determina la experiencia de la escucha, sino que además anticipa y determina las futuras producciones sonoras. Sus ventajas para estar disponible en cualquier lugar lo han convertido en el mayor monstruo de reconfiguración sonora de nuestro entorno. La pretendida inaudibilidad de su formato es el estigma de su éxito. ¿Qué conejo hay que seguir para salir del País de esas Maravillas? ¿O ya llegamos tarde?

RIP

En 1951, Pierre Boulez, *pontifex maximus* de la música contemporánea, escribía:

"Es hora de que la falla sea neutralizada… Así que no dudaremos en escribir, sin ninguna voluntad de escándalo estúpido, pero sin púdica hipocresía como sin inútil melancolía:
SCHÖNBERG HA MUERTO."

Pero...
Boulez (ya también) está muerto.
¿Elvis ha muerto?
Incluso el MP3 está muerto: su patente se extinguió el 16 de abril de 2017.

INTELIGENCIA BARROCA

El pasado 21 de marzo de 2019, Google lanzó en su *doodle* diario un simpático simulador de armonización musical *alla* Johann Sebastian Bach. *Coconet*, la inteligencia artificial desarrollada a partir de 306 corales del compositor alemán, invitaba a todo internauta a que se animara a "componer" una melodía que luego ella armonizaba dando como resultado un coral bachiano listo en pocos segundos. ¡Qué tentador! ¡Quién no ha querido, alguna vez, ser *Kapellmeister*! ¡Gratis! ¡Rápido! ¡Reconocible! ¡Compartible en redes!

Algunos dicen que no debemos preocuparnos porque suceda algo así como que las máquinas terminen sustituyendo a los humanos: solo lo harán en las labores mecánicas y tediosas, dicen. El arte y todo eso queda a salvo. Pero ¿y si el *doodle* de Google —que por cierto, almacena todas las propuestas por si le sirviese a la inteligencia artificial para aprender más, que nunca se sabe— demostrase que las inteligencias artificiales componen —al menos— igual de bien —quién sabe si mejor— que los humanos? ¿A qué nos dedicaremos entonces?

COMPRESIÓN DE AUDIO

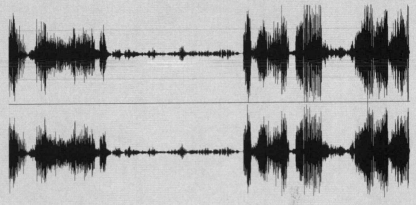

1981
Vinilo, Deutsche Grammophon: Brahms, 4.ª Sinfonía, 1.º movimiento.
Orquesta Filarmónica de Viena, Carlos Kleiber.

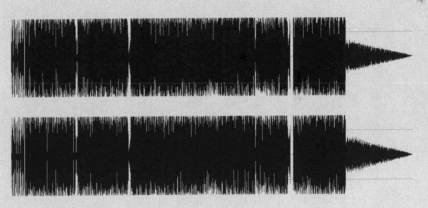

2005
CD, Raster Norton: Ikeda, dataplex, data.matrix.

III. LUGARES

DONDE
NOS
PREGUNTAMOS
POR CÓMO
SE ARTICULAN
LOS
ESPACIOS
A TRAVÉS,
DESDE
Y POR
EL SONIDO.
ES
DECIR,
LOS
DÓNDES
DEL
SONIDO.

Territorio / Territorialización / Desterritorialización / Reterritorialización

(sustantivos, masculino y femeninos)

1. Territorio junta "terra" (tierra) y "orio", haciendo referencia a una propiedad. El territorio se refiere, por tanto, a la división política o militar de un espacio donde unos lo ganan y otros lo pierden. Territorialización es la acción de ejercer poder sobre ese territorio, ya sea espiritual, cultural, geográfica, identitaria o políticamente. La territorialización es la conversión de un espacio en un territorio mediante la construcción de símbolos y argumentos para su dominio. La desterritorialización sería la desvinculación identitaria y espacial de una comunidad de su territorio —normalmente mediante el ejercicio de la violencia—. Es su expulsión (de la posibilidad) del paraíso. Al este del Edén. La reterritorialización implica recuperar dichos espacios. Reterritorializar es hacerse cargo del carácter provisional y coyuntural de las propiedades, hacerse cargo de la fragilidad de la vida en común.

2. Palabras que nos permiten practicar la pronunciación de la "r" en castellano en un nivel C1 según el Marco Común Europeo.

Addendum

Otras palabras cotidianas utilizan "orio".
Por ejemplo "reformatorio", que haría referencia
a la propiedad de las reformas (espirituales
en este caso), o el "conservatorio", que
deseablemente sería la propiedad de las
conservas, pero lamentablemente es la
propiedad de la conservación de la música
(sea lo que sea la música y ¡su conserva!).

Problema de partida

En torno a 1980, surge el llamado "arte sonoro". Sus espacios habituales son las galerías de arte y los museos, rara vez las salas de concierto. Los artistas sonoros, además, no son necesariamente músicos. Ha tenido lugar un "giro sonoro" (*sonic turn*), que implica que el acento se pone radicalmente en el sonido, su rol en nuestra experiencia y su potencial político.

7.
OTROS TERRITORIOS (POLÍTICOS) DE LA ESCUCHA: DE LA MÚSICA AL ARTE SONORO

Leandro Pisano

Los procesos de profunda transformación que tienen lugar en los territorios y paisajes de principios del siglo XXI se han convertido recientemente en objeto de estudio por parte de geógrafos, sociólogos, arquitectos, antropólogos y artistas, interesados en profundizar, a través de ellos, en una visión crítica de los sistemas económicos y políticos, de antropización y colonización cultural, provocados por las dinámicas del capitalismo global. En este entorno de teorías y prácticas, surgen nuevas instancias que nos invitan a acercarnos, con diferentes métodos, a la experiencia y al conocimiento de los lugares mediados por las categorías del pensamiento de la modernidad.

Se trata de un cambio que revela la aparición de espacios y geografías que han permanecido hasta hoy en los márgenes de las narrativas de la modernidad. Este proceso define un terreno móvil dentro del cual las prácticas de escucha y, en un sentido específico, las artes sonoras se configuran como un conjunto de métodos que permiten el cruce crítico de los territorios y el descubrimiento de niveles invisibles o eliminados. En su fugacidad y en su materialidad, el sonido nos invita a experimentar las zonas rurales, los lugares abandonados y los suburbios urbanos como espacios en los que cuestionar nuestro enfoque de la historia y del paisaje, nuestro sentido del habitar en un territorio y la relación que tenemos con ello.

La atención de los artistas a la pluralidad de ideas generadas por estos procesos origina nuevos campos de posible interacción e investigación, particularmente cuando su enfoque se centra en temas que involucran a la comunidad o a otros grupos sociales. Las prácticas del arte sonoro pueden generar cartografías relacionales y epistemológicas imprevistas, que producen «conocimiento social»,[1] construyendo un espacio aumentado en el cual es posible experimentar la singularidad, la otredad y el compartir como formas de *estar juntos* en el contexto de una «comunidad experimental».[2]

Como afirma Mark Peter Wright, el sonido, extendiéndose a través de sus resonancias y de sus disonancias, puede ser reconfigurado como un territorio,[3] abriendo el camino a una reorientación de las prácticas de escucha. Cuando el enfoque estético de la escucha se vuelve político, se convierte en el preludio de una experimentación de otras formas de cruzar territorios y de habitar los lugares de la era contemporánea.

Christabel Stirling ha escrito recientemente que las prácticas de sonido han producido y demostrado la existencia

> [...] de «diferencias resilientes personales, sociales y culturales, así como de entornos institucionales, y de ese modo han revelado a las personas como históricas». [...] La disidencia y la negociación que se desarrollan entre individuos y grupos relativamente sólidos cuando estos entran en contacto con los trabajos sonoros presagian una política. Conceptualmente, entonces, en vez de erradicar las diferencias y estabilidades sociales abogando por un espacio social siempre emergente, seguramente tendría mucho más sentido sostener y empoderar a esas mismas diferencias.[4]

El sonido nos pone delante de la «in-erradicabilidad»[5] de las diferencias y nos pide que consideremos la tensión y la precariedad que emergen entre ellas como un elemento alrededor del cual el espacio público se configura a sí mismo. Si es cierto que la cultura transgrede los confines territoriales y «por lo tanto, debe liberarse del impulso cartográfico»,[6] el espacio auditivo, libre de fronteras en sentido visual,[7] se revela a sí mismo como un ambiente productivo en el que pensar las identificaciones y las desarticulaciones culturales; no solo en los discursos orales y musicales, sino también en el contexto más amplio del paisaje sonoro en el que estamos inmersos. Más allá de un enfoque puramente musical, la cultura del sonido, considerada en el sentido más amplio posible del término, potencia las relaciones interculturales, favoreciendo los encuentros y las formas de traducción cultural, configurando la práctica de cruzar fronteras y redefiniendo los discursos sobre género, raza y diferencia, y dando un nuevo significado a conceptos como «identidad» y «comunidad».[8]

Estos son procesos estéticos y críticos que generan caminos en los que el análisis de los lenguajes se extiende a los elementos culturales eliminados, evidenciando cómo el sonido en sí mismo se configura como instrumento ontológico, no solo para resaltar una serie de narraciones ocultas en los pliegues de los relatos de la modernidad, sino también para poner en marcha una reapropiación en múltiples niveles del paisaje (físico, político y cultural), a través del cual los documentos, voces, objetos y silencios de un contraarchivo resistente se sobreponen a los mapas contingentes en un espacio crítico emergente. Desde esta perspectiva, el sonido se insinúa *alla* Foucault, en los mecanismos del poder,[9] para convertirse en un dispositivo de narración de la verdad, entendido no en sentido ontológico sino, más bien, como portador de su propio punto de vista fijo. De esta manera, las prácticas estéticas relacionadas con el sonido ganan profundidad en el escenario contemporáneo del activismo y de las políticas del espacio público, produciendo tensiones *agonísticas* que cuestionan las formas de dominación, creando las condiciones a través de las cuales es posible hacer perceptibles y audibles otras posiciones que nos obligan a pensar, a sentir, a abrir espacios para negociar significados; territorios transitorios en los que cada uno de ellos comunica su propia verdad a través del sonido, originando un potencial de diálogo que reside en el proceso mismo de la escucha. Al desarrollar, a partir de los estudios culturales y poscoloniales, una lectura específica del sonido que lo posiciona como medio para abrir espacios que cuestionan formas de subjetivación de tipo hegemónico y violento correlacionadas con los estados de crisis ecológica y económica de la contemporaneidad, desde la fragmentación local hasta la escala del Antropoceno, esta investigación extiende su enfoque a los métodos y contribuciones de otras disciplinas.

Pero esta lectura, en general, encuentra su fundamento epistemológico en una perspectiva estructurada sobre la contribución en intersección de varias disciplinas y teorías, tanto de las que se alimentan directamente de la relación con el sonido (como los *sound studies*, pero también, en comparación constante y paralela a estos, con los *visual studies*), como las que cruzan la política del lenguaje (estudios de género, por ejemplo), o la filosofía y la geografía.

Cuestionando el lenguaje y el perímetro disciplinario definido para las artes sonoras a partir de la década de 1970, con la fundación de los *sound studies*, surge la posibilidad de ir más allá de las referencias tradicionalmente definidas por estas teorías, a partir de una concepción dinámica, móvil y ubicua de la escucha y de los paisajes sonoros en la época contemporánea.

Las tensiones conceptuales son alimentadas por la investigación en torno al «sonido en sí mismo», desarrollada a través de una serie de enfoques prácticos y teóricos que involucran sobre todo a la música electroacústica y el arte sonoro.

***

¿Qué significa pensar «sónicamente» en lugar de simplemente pensar «sobre» el sonido? ¿Qué conceptos y formas de pensamiento puede generar el «sonido en sí mismo»?

Christoph Cox ha señalado que la música siempre ha planteado, desde el punto de vista filosófico, una especie de dilema ontológico: intangible y evanescente, está al mismo tiempo dotada de un indudable espesor *físico*.[10] Este es un tema que se ve acrecentado en el arte sonoro, que, a partir de sus orígenes a finales de la década de 1960, cuestiona la ontología de los objetos, con referencia específica a los desarrollos del arte modernista. Como consecuencia del impacto de la tradición derivada de John Cage en la música experimental, el arte sonoro surge en el entorno de las prácticas posminimalistas de las artes visuales, como se puede rastrear en las obras de varios artistas, entre ellos Robert Morris, Robert Barry, Michael Asher, Barry Le Va, que enfatizan elementos como el proceso, la experiencia multisensorial y la inmersión, desafiando la autonomía, la especificidad medial y la concepción puramente visual u óptica sobre la que se construye el arte modernista. Estas prácticas, por una parte, anticipan una especie de desmaterialización del objeto artístico a través de la idea, el lenguaje y el discurso, y, por otra, pueden hacer referencia a una ampliación del concepto de «materia», que se extiende más allá del dominio de los objetos ordinarios, visuales y táctiles, a través de la noción de materia como una «profusión de flujos energéticos».[11]

Cox explica cómo, a pesar de que un gran número de artistas tienden a considerar estos dos caminos como paralelos y no divergentes, el arte conceptual ha seguido principalmente el primero de los dos caminos, mientras que el arte sonoro lo ha hecho con el segundo, desarrollando con ello una serie de recorridos y prácticas de los que emergen las nociones de percepción y de materialidad no discursiva. Desde un punto de vista filosófico, la perspectiva ofrecida por el conceptualismo ha ensombrecido de alguna manera la visión crítica sobre la que han trabajado los artistas y los críticos en el campo de las artes sonoras, con el resultado de que el arte sonoro ha vivido, desde un punto de vista teórico, en una especie de estado minoritario que lo ha relegado a una subordinación disciplinaria con respecto a la música, o, peor aún, al papel de un apéndice *naïve* o retrógrado en el marco de las artes visuales.

Estos enfoques y métodos de acercamiento conducen al (re)descubrimiento de un acceso sustancialmente material a una dimensión sonora previamente oculta, que trasciende el concepto de «representación». Los encontramos en contextos heterogéneos: desde la oposición a la simbolización, sostenida por Pierre Schaeffer en la teorización fenomenológica del «objeto sonoro» (*objet sonore*), a la escucha de los sonidos en sí mismos de John Cage; de la música concreta instrumental de Helmut Lachenmann al creciente interés por la experiencia, la percepción y la corporalidad en las prácticas recientes del arte sonoro; desde la «liberación del sonido» de Edgard Varèse hasta el tratamieto de las grabaciones de audio como material sonoro no representacional de Francisco López.[12]

En esta perspectiva de *relectura* del sonido, los eventos reemplazan a los objetos, como Casey O'Callaghan formula como hipótesis, reflexionando sobre el hecho de que, a pesar de que el sonido es intangible, efímero e invisible, persiste en el tiempo y sobrevive a los cambios de sus características y cualidades, no vinculándose a los objetos, como una entidad que existe de forma independiente.[13]

Es en la misma naturaleza ontológica del sonido donde Cox sitúa la distinción filosófica que separa el arte sonoro de la música: mientras que esta última está vinculada al concepto de notación, lo que implica una interrupción de la fluidez del material sonoro y la elevación del concepto de representación más allá de su actualización, el arte sonoro, en cambio, anuncia el flujo inconsciente del sonido de la naturaleza misma. Sobre estas bases se mueve la perspectiva de una filosofía sónica como alternativa a cualquier teoría basada en el significado y los conceptos lingüísticos de diferencia y representación, ya que cada uno de ellos permanece anclado a una concepción idealista del significado y, por lo tanto, a la imposibilidad de abrirse al flujo de sonido que el arte sonoro logra materializar.

En el análisis de las obras de John Cage, Max Neuhaus o Christina Kubisch, Cox entrevé la posibilidad de repensar el sonido como un fluido material continuo y heterogéneo que hace audible la inmanencia del ser y del tiempo. Es en esta filosofía sónica que tiene su fundamento ontológico el arte sonoro, desvinculándose de la perspectiva musicológica para afirmar su propia autonomía de pensamiento y de disciplina.

***

A la discusión por la definición de un estatuto epistemológico del arte sonoro han contribuido una serie de estudios recientes en los que se lo teoriza como disciplina y como práctica, distinta de la música no por el uso del sonido en sí, sino por los aspectos perceptivos, conceptuales y constitucionales que caracterizan sus obras. Se trata de un debate que nace en el cauce de una dialéctica entre la música y el arte sonoro, en el cual, para este último se reclama un reconocimiento, puesto en discusión frecuentemente, incluso por los propios artistas. Es una cuestión problemática que implica la investigación sobre los límites disciplinarios, *históricos* y de lenguaje a través de los cuales el propio arte sonoro identifica su propio dominio epistemológico.

Seth Kim-Cohen escribe: «El arte sonoro es un arte que propone signifi-cado o valor a registros que no son tenidos en cuenta por los sistemas de música occidentales».[14] En este sentido, la consecuencia del hecho de que la ontología del arte sonoro sea necesariamente antinómica con la música occidental, basada en lo extramusical, es que la música no oc-cidental no puede identificarse como arte sonoro. Es interesante obser-var aquí que el tema de la alteridad de las artes sonoras no occidentales, en comparación con los discursos (para)musicales construidos en Occi-dente en las últimas décadas, se encuentra actualmente en el centro de una serie de reflexiones desarrolladas por artistas y teóricos que operan en sentido poscolonial, lo que cuestiona la aplicación de la categoría de arte sonoro a una serie de prácticas y trabajos que provienen de áreas geográficas no europeas o norteamericanas.

En particular, Anna Raimondo ha señalado recientemente que «aun-que el arte sonoro transgrede una serie de reglas establecidas por el arte contemporáneo, nace dentro de una fuerte tradición cultural de la que sur-ge un discurso colonial vinculado al género, a la raza, a la pertenencia».[15] Fundado en un estatuto epistemológico que responde a una tradición cultural y de pensamiento desarrollada en Occidente, el arte sonoro es una disciplina producida por la investigación académica, que se articula a partir de referencias geoculturales bien definidas (de matriz angloamerica-na y europea) y que tiende, a menudo, a definirse a sí misma también por exclusión respecto a las voces y a los *lugares* fuera de su dominio.

La música requiere un modo de escucha que tiende a lo que se conoce, a lo predecible, ya determinado, mientras que el arte sonoro se basa en una audición que evoca lo impredecible, lo no-conocido: en el proceso de descubrimiento que representa, el conocimiento es un devenir que está constantemente en acto. La consecuencia es que la estética y la filosofía del arte sonoro se basan en un impulso hacia el conocimiento que se genera en la experiencia del sonido como relación temporal, el cual no sucede «entre» las cosas, sino que es «la» cosa, y eso quiere decir el sonido por sí mismo.

Las referencias del arte sonoro a las prácticas visuales han ofreci-do, por un lado, perspectivas importantes que lo han hecho más visible, lo que le ha permitido la construcción de un discurso crítico y la posibili-dad de un reconocimiento, sin darle, sin embargo, una mayor audibilidad. Leer un trabajo sonoro no está en oposición respecto a la tradición vi-sual, pero siguiendo trayectorias alternativas, que permiten escucharlo y oírlo identificando una presencia musical, no implica la negación de los estudios anteriores que escribían sobre el sonido en relación con las ar-tes visuales.

Al mismo tiempo, releer el acto de la escucha en un sentido crí-tico, reconociéndole la posibilidad de generar conocimiento, abre las prácticas sonoras a resultados «acoustemológicos»,[16] a través de una redefinición en sentido epistemológico de la relación con los espacios, con los territorios, con las geografías políticas contemporáneas. Si el sonido es una vibración que, percibida, se conoce a través de su materialidad, ello puede revelarse como un dispositivo crítico que, gracias a sus infinitas resonancias de pensamiento, da forma a las geografías individuadas, explorándolas en su emergencia y proponiéndolas para la práctica de la escucha en toda la complejidad y fragmentariedad con que estas se manifiestan.

La escucha misma y las prácticas artísticas relacionadas con ella determinan, por lo tanto, las condiciones para hacer que otras posiciones sean perceptibles, enfatizando las disimetrías y las tensiones producidas por los procesos de escucha. Este tipo de práctica nos permite pensar y sentir, continuar aprendiendo, o producir tensiones agonísticas que cuestionen el saber establecido. El sonido revela las relaciones y los movimientos invisibles entre los objetos, los cuerpos y la materia. Nos invita a imaginar la posibilidad de otras verdades y realidades. Como un acto de afirmación en diferentes niveles —social, histórico, ecológico—, la práctica de la escucha puede ser considerada como una acción política y cultural que abre «espacios liminales que perturban la estabilidad histórica del paisaje».[17]

El complejo archivo de paisajes sonoros produce una cartografía crítica que interroga y supera, al mismo tiempo, la visión oficial y aceptada de la historia, de la política, de la cultura. Al mismo tiempo, el sonido requiere una participación que es inestable y exigente, introduciendo un desafío semántico con respecto a los elementos involucrados en la red asociativa que se crea mediante la práctica de la escucha.

El acercamiento a través de la práctica de la escucha a los territorios, los espacios y los entornos prefigura la posibilidad de *oír* los procesos neoliberales de exclusión en las áreas urbanas, periurbanas y rurales. En este sentido, el sonido revela su propia potencia epistemológica en sentido poscolonial,[18] sacando a la superficie las dinámicas asimétricas de posesión y acumulación, de exclusión y marginación construidas por el sistema capitalista.

En este sentido, la práctica de la escucha revela mecanismos, dinámicas, procesos relacionados con la materialidad política, considerada esta en el sentido de un acceso diferencial y desigual a los recursos (trabajo, movilidad, educación, salud) y a las relaciones sociales, que tienden a ser experimentadas y reproducidas a través de los procesos del capital. El sonido se adapta perfectamente a esta perspectiva de investigación y de comprensión de las modalidades por las que el capital se relaciona y se percibe no como *algo* que simplemente existe, sino como un dispositivo ensamblado o desmontado por determinados procesos y condiciones. El sonido hace converger posibles enfoques semióticos y afectivos en clave geopolítica, sugiriendo combinaciones y modos para abordar la complejidad de estos procesos, para experimentar «esas atmósferas altamente contingentes y contagiosas de un lugar» y, al mismo tiempo, sumergirse en los sistemas infraestructurales, discursivos y materiales que lo convierten en una poderosa herramienta de descubrimiento y análisis de las geografías políticas contemporáneas.[19]

En este proceso de investigación que implica la producción de conocimiento y sus formas de legitimación, el sonido, en la forma dual del escuchar y del oír, se convierte en una práctica ineludible: escuchar *otras* articulaciones anuncia la posibilidad de sacar a la luz las entidades, los flujos de materiales, los procesos y los sistemas que se constituyen entre sí. Es una escucha de la cual puede surgir lo irreconciliable o la contraposición frontal de estas articulaciones, y, sin embargo, a través de su práctica, se ponen en evidencia aquellas dinámicas de conflicto que no requieren equivalencia u homogeneidad y que abren espacios de reflexión sobre la violencia y sobre las limitaciones que insisten en el límite de la traducción.

Revelándose a sí mismo como dispositivo, pero también como lenguaje y método, el sonido, con la complejidad de los niveles temporales que activa, traspasando los espacios aumentados de la escucha no coclear,[20] produciendo infinitos mundos posibles[21] en los que redefinir el yo y el otro, permite cruzar críticamente los territorios híbridos de la contemporaneidad, haciendo escuchables y *visibles* las nuevas geografías emergentes en la era posdigital de la movilidad y de la posglobalidad. Sondeadas en su dimensión invisible, dejan emerger una serie de tensiones políticas, culturales y económicas que se revelan a través de las posibilidades del sonido para conocer y habitar el mundo, para relacionarse con la política del lenguaje y con entornos dispares y complejos. En este sentido, el sonido mismo ofrece un punto de escucha a través del cual tomar posiciones para escuchar y oír, para orientarse y construir caminos en la diversidad de terrenos en movimiento que definen los escenarios de la contemporaneidad.

Se definen así nuevos puntos de escucha, desde los cuales es posible experimentar las trayectorias, las intersecciones y los flujos de ideas, culturas y cuerpos en el entorno de la posglobalidad, y abordar las huellas de la historia y del presente, a medida que estas se reconfiguran —en sentido dinámico— a partir de las prácticas sonoras. De esta manera, se revela el sentido de una traducción cultural continua, en la cual los territorios se convierten en espacios de paso, terrenos en movimiento para una serie de nuevas y posibles cartografías críticas.

Leandro Pisano

Comisario de exposiciones, crítico e investigador independiente que se ocupa de las intersecciones entre arte, sonido y tecnocultura. Ha fundado y dirige el festival internacional de *new arts* Interferenze y trabaja en proyectos relacionados con el arte sonoro y áreas rurales, como Liminaria (2014-18). Entre las diversas exposiciones de arte sonoro que ha comisariado se encuentran "Otros sonidos, otros paisajes" (MACRO, Roma, 2017) y "Alteridades de lo invisible" (Festival Tsonami 2018, Valparaíso). Es doctor en Estudios Culturales y Poscoloniales del mundo de habla inglesa por la Universidad "L'Orientale" de Nápoles y actualmente colabora con la Universidad "Carlo Bo" de Urbino.

www.leandropisano.it/en/

Pos-
(prefijo)

Lo que viene después de algo, suponiendo que ese algo ha sido superado. Cfr. "Aufheben".

Sismógrafo
(sustantivo, masculino)

Aparato registrador de los movimientos invisibles de la tierra. No mide los movimientos invisibilizados de la tierra.

Uno de los grandes problemas a los que se enfrenta la musicología crítica es la de cómo poner en suspenso la división entre "nosotros" y los "otros". Normalmente, la música europea o europeofílica, como la norteamericana, ha marcado el paso de lo que tenía que llegar a ser la música. Nos preguntamos si es posible romper con el canon y exponer sus heridas colonialistas.

8.
EUROPA NO LO ES TODO: DESCOLONIZANDO EL CANON

Susan Campos Fonseca

«The European canon is near.»
David Bowie, *Station to Station*

Me invitan a pensar sobre «Territorios: los dóndes y el surgimiento de los lugares sonoros y sonorizados». Entonces vienen a mí las teorías de Gilles Deleuze y Félix Guattari sobre la territorialización, desterritorialización y reterritorialización musical narradas en «Rizoma» y «Del ritornelo».[1] Resulta interesante pensar por qué no cuestionamos desde qué historia de la música construyen su discurso los dos filósofos franceses, así como tampoco cuestionamos el canon construido sobre genealogías eurocéntricas, gestadas por hombres blancos «humanistas» e «ilustrados», que durante el siglo XIX consolidarían la historiografía de la música que perpetuamos, gracias a la educación musical, en sus narrativas lineales, coloniales, racializadas, generizadas, y un largo etcétera, que aún no consiguen superar discursos de «pureza de sangre» heredados del sistema cortesano del Antiguo Régimen y las revoluciones industriales burguesas.

Leo a Deleuze, por ejemplo, en Jorge Francisco Maldonado Serrano,[2] Olga del Pilar López,[3] Luis Pérez Valero[4] o Juan Camilo Roa-Corredor,[5] y busco huellas de esta sospecha. Sin embargo, parece que Filosofía e Historia no son muy dadas a leer «nueva musicología», y están «claras» de que las cosas siempre fueron así, que los periodos de la historia de la música son reales y que sus protagonistas desarrollaron proyectos coherentes que permiten delimitar e identificar prácticas comunes con principio y fin, tejidas por algunos hombres y sus obras. No lamento decirles que no es así.

Los invito a preguntarse cuáles son las fuentes teóricas e históricas de Deleuze y Guattari, ya que sus referencias, es decir, los artistas que supuestamente territorializan, fueron «sirvientes» del Antiguo Régimen y de la burguesía, convertidos en «artistas geniales» por la historiografía decimonónica. Deleuze y Guattari teorizan desde una Europa contada por historiografías de la música escritas por franceses y alemanes. Estamos ante un pensamiento filosófico que argumenta desde una narración de lo musical y lo sonoro como etnografía,[6] que la historiografía ha reducido a los regionalismos de la Iglesia católica y protestante, las casas nobiliarias y sus Reinos, los nacionalismos en la construcción de la *civilisation* (francesa) y la *Kultur* (alemana),[7] pretensiones europeístas que impusieron estas narrativas con la expansión colonial. Deleuze y Guattari nos hablan de melodía, de ritmo, de contrapunto, de paisaje sonoro, pero ¿desde dónde?, ¿en qué contexto de discusiones est(ético)-sonoras y experimentales/musicales piensan?

Sus notas al pie nos remiten a Olivier Messiaen (1908-1992), Pierre Boulez (1925-2016), Pierre Henri Marie Schaeffer (1910-1995), La Monte Young (1935), Claude Debussy (1862-1918), Franz Liszt (1811-1886) y Richard Wagner (1813-1883), que pertenecían a comunidades concretas, cuyo rol en la construcción de los discursos acerca de la innovación, experimentación sonora y musical tenía cortes políticos y redes de influencia muy específicos. No eran «hombres universales», como se pretende muchas veces.

La filósofa española Amanda Núñez García me lo hizo notar cuando, en una conversación informal, me señaló que el número 1837 que precede al título «Del ritornelo» coincide con el año de nacimiento de Cosima Wagner, hija del pianista y compositor húngaro Franz Liszt y de la condesa y escritora Marie d'Agoult. Además, la historia de Cosima es conocida, no solo por su apoyo al régimen nazi, sino porque tuvo por primer esposo a Hans von Bülow, director de la canónica Filarmónica de Berlín entre 1887 y 1893, de quien se separó para casarse con el compositor Richard Wagner, asumiendo la dirección del Festival de Bayreuth tras la muerte del compositor. Me gustaría pensar que Deleuze y Guattari nos dejaron, no sin ironía, una pista para reflexionar acerca de las genealogías familiares y territoriales presentes en la historia de la música occidental.

Consecuentemente, debemos meditar sobre estas fuentes y cómo median en sus ideas de contrapunto, melodía, ritmo y polifonía. Me pregunto: ¿qué hubiera pasado si incluyeran en su conceptualización de frecuencias y territorios, por ejemplo, el microtonalismo del mexicano Julián Carrillo (1875-1965) o la micropolifonía del húngaro György Ligeti (1923-2006)? Quizás necesitamos pensar: ¿por qué confunden lo sonoro con lo musical, partiendo del concepto de «biomúsicas» y «biosonoridades» propuesto por Messiaen o Schaeffer, comparando el agenciamiento territorial del canto de los pájaros con los modos griegos y los ritmos hindúes?[8] ¿Nos proponen acaso un poshumanismo mediado por lo sonoro en el sentido que desarrollará Elizabeth Grosz?[9] ¿De qué «armonía» hablan cuando piensan en los «acordes» del *Rain-forest*?[10] No dejo de pensar que su escucha coloniza las sonoridades de la selva, siguiendo el modelo del idealismo alemán, y coincidiendo con Burckhardt y Nietzsche en la práctica de imaginar el universo como un «acorde fundamental».[11]

Un detalle que se escapa al análisis de estas enunciaciones es: ¿qué tipo de acorde?, porque el acorde fundamental está basado en la armonía ternaria, que responde a un sistema teológico cristiano de mundo y a una escucha disciplinada muy concreta, legitimados por los tratados enciclopédicos, los conservatorios de música y las Reales Academias europeas. Si lo pensamos detenidamente, podríamos afirmar que en realidad la selva no produce acordes, sino clústeres (racimos no jerarquizados diatónica o tonalmente), pero esa interpretación también es ejemplo de nuestra escucha antropocéntrica disciplinada, basada en otros sistemas de organización del sonido, como la atonalidad, por ejemplo.

Mi deseo es mostrar cómo Deleuze y Guattari nos abren a fascinantes aporías de nuevas-viejas preguntas. Nos devuelven a las ideas de aquellos hombres blancos que escribieron la historia de la música occidental, tejida «desde la Grecia antigua a la actualidad», estableciendo la genealogía que sustenta eso que llamamos, no sin euforia, respeto y temor, *canon*. Un canon cuya descolonización deseo explorar aquí, evidenciando cómo la historia de la música occidental es una etnografía imaginaria,[12] resultado de la negación europea de su indigeneidad; la ficción europea de que indígenas son «los otros», jamás los hombres y mujeres blancos que escriben la historia del único y viejo mundo.

Consecuentemente, este será un texto pensado como viaje de regurgitación, entre lo que retorna y lo que devoramos una y otra vez. Realizaré una consideración de «Rizoma» y «Del ritornelo», de Deleuze y Guattari, que pondré en diálogo con ese libro no escrito sobre «antinarcisos» que emprendió el brasileño Eduardo Viveiros de Castro, para meditar con los dos franceses, un libro que llamó: *Metafísicas caníbales* (2010).[13]

Acertadamente, el título que me propusieron Pedro Alcalde y Marina Hervás, editores de este libro, coincide con el capítulo n.º 10 de esas *Metafísicas*, y cito: «La producción no es todo: los devenires».[14] Y digo acertadamente porque una trágica e inquietante ironía late en todo esto. Los devenires en los rizomas y ritornelos de Deleuze y Guattari se materializan en el producto de una mitología americana: «[…] todo se reúne en América, a la vez árbol y canal, raíz y rizoma».[15] Lamentablemente, los dos franceses se refieren a Estados Unidos, no a las Américas plurales, de Alaska a la Patagonia.

Deleuze y Guattari convocan a Patti Smith, que para ellos «canta la biblia del dentista americano: "no busquéis la raíz, seguid el canal"».[16] Y, sin embargo, en los cursos de historia de la música occidental que ofrecen los conservatorios y escuelas de música de esa América, se sigue buscando la raíz, al tiempo que el canal, sin conseguir una transversalidad de los saberes y conocimientos de los múltiples pueblos originarios, esclavizados, exiliados y migrantes, que territorializan las Américas —incluido mi país natal, Costa Rica—, dando prioridad a esa «Grecia» y a esa «Europa». El resultado, tal y como explica el etnomusicólogo Bruno Nettl, es que: «la "música" en la escuela de música siempre significa, exclusiva o abrumadoramente, la música clásica occidental (también llamada "música artística", "música canónica", "música cultivada", "música seria", e incluso, con ironía, "música real" y "música normal")».[17]

Consecuentemente, las modernidades, que no hubieran existido sin las Américas, se siguen contando sin ellas. La respuesta a esta herida colonial es un resentimiento epistémico, que los proyectos decoloniales tejen con indignación y furia, creando a su vez más etnografías imaginarias. Quizás por eso necesitamos pensar las fuentes de los filósofos e historiadores para —utilizando una metáfora computacional— explorar el código de su programación. Se evidencia, así, la necesidad de pensar los territorios, los dóndes y el surgimiento de los lugares sonoros y sonorizados, que articulan los discursos sobre territorialización, desterritorialización y reterritorialización, pensando lo sonoro y lo musical colonialmente.

La historia de la música occidental es una etnografía imaginaria

Luego de esta provocación inicial, procuraré afinar algunos detalles y ejemplificar mi tesis: la historia de la música occidental es una etnografía imaginaria.

La argumentación que propongo parte de Viveiros de Castro —en su lectura de Deleuze y Guattari—, cuando afirma que Occidente es narcisista. El antropólogo brasileño nos invita a preguntarnos:

> ¿Qué es lo que «no tienen» los otros que los constituye, ante todo, como no-occidentales y no-modernos: el capitalismo y la racionalidad? ¿El individualismo y el cristianismo? [...] ¿Y cuáles serían a continuación las ausencias aún más estruendosas que constituían a esos otros como no-humanos (o más bien a los no-humanos como nuestros verdaderos otros): el alma inmortal? ¿El lenguaje? ¿El trabajo? ¿La *Lichtung*? [...], es decir, la «humanidad universal», la «humanidad cósmica».[18]

Si «la metafísica occidental es verdaderamente la *fons et origo* de todos los colonialismos»,[19] ¿cómo este proyecto narcisista y etnocéntrico se ve reflejado en el pensamiento occidental, acerca de «lo sonoro» a partir de «lo musical»? Siendo lo musical resultado del colonialismo, perpetuado por la historia de la música occidental.

La tesis propone que «la música» no es un lenguaje universal, como tampoco lo es el Humanismo. La colonialidad de la escucha del mundo bajo sistemas musicales concretos, y el consecuente disciplinamiento de lo sonoro de los pueblos sometidos, redundarán en microcolonialidades que repercutirán en el diseño de «lo indígena», creando jerarquías entre prácticas y manifestaciones sonoras inclusive en la propia Europa. Occidente es narcisista, pero también, víctima de sí mismo, cae preso de su propio reflejo y se ahoga. El *cogito caníbal*[20] enunciado por Viveiros de Castro me invita a pensar entonces un *cogito autofágico*, ambos evidenciados en estos procesos; porque, lo queramos o no, las Américas también son Occidente.

La herida colonial nos une. Viveiros de Castro llama la atención hacia «los pueblos "no comunes", los que se encuentran fuera de nuestra esfera de *comunicación*. Si la filosofía real abunda en salvajes imaginarios, la geofilosofía a la que apunta la antropología hace una filosofía imaginaria con salvajes reales».[21] La historia de la música occidental construye una etnografía imaginaria de lo sonoro humano, diseñando esferas de comunicación donde los «salvajes» son aquellos que no comparten la escucha disciplinada por «la música» y sus sistemas de valor/canon. A este respecto, en su artículo «¿Existe "la música"?», de 1985, Carl Dahlhaus explica:

> La idea de una historia universal de la música (idea que subyace a un proyecto de la UNESCO que, a pesar de crecientes dificultades internas y externas, no se ha abandonado) es doblemente problemática: por un lado, debido a la indeterminación del concepto «música» y, por otro, a las implicaciones ideológicas de la noción de una «historia universal». Las dos dificultades están íntimamente relacionadas entre sí: mientras no se traiga alguna idea de si «la historia» es una realidad o una pura quimera, y en qué sentido lo es, el problema de si existe «la música» —en singular— no puede ni tan siquiera formularse de un modo preciso, o cuando menos no podrá formularse de un modo que haga parecer posible su solución.[22]

Con el objetivo de explorar estas preguntas (de Dahlhaus y Blacking), elegí la entrada «Historiography» de Glenn Stanley, incluida en el *Grove Music Online*.[23] Siguiendo la propuesta de Viveiros de Castro: «No se trata de borrar los contornos, sino de plegarlos, de densificarlos, de irisarlos y de difractarlos».[24] El narcisismo occidental pensará una filosofía de la historia para una *humanidad sonoramente organizada*, y así la encontraremos en «Rizoma» y «Del ritornelo». La historiografía servirá a este propósito; Glenn Stanley informa cómo:

Desde sus orígenes en el siglo XVIII, la escritura de la historia de la música formal ha sido moldeada por las historiografías dinásticas y nacionales más veneradas, que establecieron el enfoque histórico como «el más universal y abarcador y la más alta de todas las ciencias» (Schlegel).[25]

A este respecto, Marx y Engels, en *La ideología alemana*, escriben:

> Hasta ahora, los hombres se han formado siempre ideas falsas acerca de sí mismos, acerca de lo que son o debieran ser. Han ajustado sus relaciones a sus ideas acerca de Dios, del hombre normal, etc. Los frutos de su cabeza han acabado por imponerse a su cabeza. Ellos, los creadores, se han rendido ante sus criaturas.[26]

Lo musical es una de esas creaciones. Y así caen presos también Deleuze y Guattari, quienes escribirán que «el rizoma es una antigenealogía»[27], pero para ejemplificarlo recurren, paradójicamente, al compositor y director de orquesta francés Pierre Boulez:

> La música no ha cesado de hacer pasar sus líneas de fuga como otras tantas «multiplicidades de transformación», aunque para ello haya tenido que trastocar sus propios códigos que la estructuran o la arborifican; por eso la forma musical, hasta en sus rupturas y proliferaciones, es comparable a la mala hierba [*mauvaise herbe*],[28] un rizoma.[29]

La referencia es *Par volonté et par hasard: Entretiens avec Célestin Deliège*, de 1975.[30] Y digo paradójicamente porque el pensamiento de Boulez nos vincula con la genealogía de la primera y segunda escuela de Viena, y la escuela de Darmstadt. La tonalidad funcional, el dodecafonismo, el atonalismo, el serialismo integral, las músicas electroacústicas y computacionales, donde las «multiplicidades de transformación» y el «trastocar los propios códigos» remiten a procesos de ruptura y proliferación de un sistema que, citando a Boulez en Deleuze y Guattari, es «comparable a la mala hierba».

No obstante, esta afirmación prometedora, que parece una declaración de desobediencia epistémica, nos remite a un Boulez que conversa con Célestin Deliège sobre la *Deuxième sonate pour piano* (1947-1948). La cita remite a su respuesta: «Para mí, una idea musical es como una semilla: la plantas en un determinado suelo, y de repente comienza a proliferar como una maleza.[31] Es necesario, después, podar». Boulez está respondiendo a Deliège, cuando pregunta: «Es más precisamente una metamorfosis: ¿cómo crear nuevos eventos, tener otra función, a partir de una idea básica? ¿No es esta una de las características de la escritura de la música occidental?».[32]

Estamos ante un Boulez que medita sobre la escritura de la música occidental y conversa con Deliège acerca de una serie de obras escritas durante su tiempo de exploración compositiva, que incluye además su relación con la escuela de Darmstadt, fundada en 1946, y con figuras destacadas como René Leibowitz, John Cage, David Tudor e Yvonne Loriod. Me remito inclusive a escritos de Boulez, como los incluidos en *Points de repère* (1981), donde podemos encontrar coincidencias con las referencias historiográficas utilizadas por Deleuze y Guattari, por ejemplo, en la *Segunda parte* «Miradas sobre otros», con su *Capítulo I* «¿Retorno a las fuentes?», donde inclusive aparece «El Diario de Cósima Wagner: "Richard trabaja"»;[33] regresamos a la sospecha inicial, motivada por la filósofa española Amanda Núñez.

«Una de las características más importantes del rizoma quizá sea la de tener múltiples entradas», escriben Deleuze y Guattari.[34] Ahora identificamos que su «Rizoma» tenía entradas muy precisas. Se hace necesario pensar una historia de la filosofía marcada por historiografías de técnicas compositivas muy específicas, y preguntarnos ¿a quiénes escuchaban los filósofos y teólogos cuando escribían sus tratados?, y ¿por qué asumimos que estas conversaciones entre un grupo de hombres europeos con nombre y apellido representan el pensamiento occidental en general? Se revela una colonialidad interior inquietante.

En «Del ritornelo», esto es aún más evidente, no solo por la referencia a la *Histoire de la musique* tomo II, de la Collection Encyclopédie de la Pléiade (n.º 16), publicada por la editorial Gallimard en 1963, cuyas fuentes son muy variadas pero evidencian una lectura histórica eurocéntrica. Si «producir un ritornelo desterritorializado como meta final de la música, lanzarlo al Cosmos, es más importante que crear un nuevo sistema»,[35] ¿por qué utilizan como ejemplo a un compositor alemán como Robert Schumann, a quien podemos identificar con la construcción de la idea de «música absoluta»?[36] Y ¿qué tiene que ver todo esto con Béla Bartók, un compositor húngaro, en relación con la utilización de «melodías territoriales y populares», a la hora de construir lo que el musicólogo húngaro Ernö Lendvai entendió como «un nuevo sistema de composición», axial y aural, construido sobre la base de estudios etnográficos empíricos?[37]

Me pregunto: ¿acaso la idea de música absoluta es una etnografía imaginaria, construida en diálogo con el idealismo alemán? ¿Estamos ante un ejemplo de (des/re)territorialización con pretensiones «absolutas» y «cósmicas»? ¡Suena a esoterismo decimonónico!

Deleuze y Guattari meditan sobre el sistema modal y tonal occidental, buscando el primer y segundo tipo de ritornelo. Algunas de sus declaraciones son erráticas, pero sus referencias son claras:

Frente a Schoenberg, se puede decir ¡viva Chabrier!, como Nietzsche decía ¡viva Bizet!, y por las mismas razones, con la misma intención musical y técnica. Se pasa de lo modal a un cromatismo ampliado no temperado. No hay necesidad de suprimir lo tonal, hay que hacerlo huir. Se pasa de los ritornelos de agenciamiento (territoriales, populares, amorosos, etc.) al gran ritornelo máquina cósmica.[38]

Leo estas declaraciones y me nacen más preguntas: ¿en qué se diferencian estas meditaciones con el tránsito de la filosofía de la música decimonónica, entre la «estética sentimental» y el «puro y absoluto arte de los sonidos»?[39] Inclusive resulta interesante la referencia al ritornelo como «máquina cósmica», y el texto que le sigue: «1227. Tratado de nomadología: La máquina de guerra», lo que me obliga a pensar el serialismo integral de posguerra: su «predeterminación» con pretensiones de «autodeterminación», que daba como resultado una *música mecánica* (¿no-humana, acaso?) que rechazaba las categorías musicales tradicionales de melodía, acompañamiento y dirección formal, donde el compositor solo puede elegir el tiempo a partir de un número de series y su registro.[40]

Esta mención a un agente inteligente no-humano, entendido como máquina, también me remite a las propuestas de los ruidistas futuristas, en sus manifiestos de 1909 a 1913; a la pesadilla de Fritz Lang en *Metrópolis* (1927), y a las tecnologías que materializaran estas pretensiones, como en el *Pabellón Philips* (1958) de Le Corbusier, Iannis Xenakis y Edgar Varèse.[41] Un edificio que era en sí una «máquina cósmica» que pretendía contener la historia del mundo humano, contada desde colecciones de museos europeos, a partir de una polifonía multimedial, mecánica, electrónica, ¿rizomática, quizás?

Si la historia de la música occidental es una etnografía imaginaria, coincido con el musicólogo y teórico cultural Alejandro L. Madrid, cuando afirma:

> Creo que es hora de que desconfiemos del carácter de un esfuerzo académico que parece validar los criterios estéticos y los cánones e ideologías musicales en lugar de cuestionar críticamente cómo fueron creados y qué significan para aquellos que luchan por mantenerlos en su lugar. Entonces, en vez de pelearse para que la música iberoamericana sea aceptada en el canon para ayudar a mantenerla en su lugar, propongo un enfoque crítico al canon: note que no estoy pidiendo una erradicación del canon, estoy pidiendo un enfoque que realmente examina por qué existe el canon y qué tipo de discursos se han reproducido y se siguen reproduciendo.[42]

Somos presas de una etnografía imaginaria y su canon, al igual que lo fueron Deleuze y Guattari. Hablamos de un «régimen colonial de la so-

noridad». La artista sonora y escritora ecuatoriana Mayra Estévez Trujillo propone esta idea en sus *Estudios sonoros desde la Región Andina*
(2008),[43] «Mis "manos sonoras" devoran la histérica garganta del mundo:
sonoridades y colonialidad del poder» (2015),[44] «Suena el capitalismo en
el corazón de la selva» (2016)[45] y su tesis doctoral «Estudios sonoros en
y desde Latinoamérica: del régimen colonial de la sonoridad a las sonoridades de la sanación» (2016).[46] Cito algunas de sus preguntas antes
de concluir:

> ¿Cuáles son las condiciones de posibilidad para que lo sonoro se
> constituya en un orden históricamente dominante? ¿De qué manera
> la reproductibilidad de sonoridades se va configurando en una he-
> rramienta/instrumento de dominio y control? ¿Cómo desde el so-
> nido se puede interrogar y cuestionar el orden social establecido?
> ¿Cuáles son las posiciones divergentes cuya multiplicidad de refe-
> rentes locales, sociales e históricos, identifica «lo sonoro» como un
> lugar de luchas culturales y simbólicas?[47]

Yo misma quedo enredada en la maleza, en su potencia de mala hierba.
Todas estas preguntas me retornan a la sospecha que detona mi tesis,
y me lleva a pensar que, si para Deleuze y Guattari el ritornelo es *Glass
harmonica*,[48] en tanto «cristal de espacio-tiempo» que «actúa sobre
lo que le rodea, sonido y luz, para extraer de ello vibraciones variadas,
descomposiciones, proyecciones y transformaciones», en su «función
catalítica»,[49] el *Glass harmonica* no deja de ser un instrumento idiófono,
que usa su propio cuerpo como materia resonadora, y proyecta a quien
lo toca: el narcisista Occidente.

Susan Campos Fonseca
Doctora en Musicología y compositora, especialista en filosofía de la cultura y la tecnología, estudios feministas decoloniales del arte electrónico
y la creación sonora. Sus trabajos han sido publicados en prestigiosas re-
vistas internacionales y en varios libros colectivos, y han sido reconoci-
dos con numerosos premios y distinciones. Actualmente la Dra. Campos
Fonseca es artista del sello discográfico neoyorquino Irreverence Group
Music, profesora de la Escuela de Artes Musicales de San José en Costa
Rica, coordinadora del Archivo Histórico Musical, e investigadora del
Instituto de Investigaciones en Artes-IIArte de la UCR.

susancamposfonseca.net

Valla

(sustantivo, femenino)

Impedimento, obstáculo para defender un
espacio (también moral) o para poner publicidad.
Una valla crea un espacio. Un adentro y un
afuera. Pero también todo aquello que puede ser
saltado (¡incluso hay campeonatos mundiales de
salto de vallas!). Son distintas las personas que
las respetan de las que las usan, de las que las
ponen y quitan, de las que mandan ponerlas
y quitarlas. Hay que saber de qué lado de la valla
estamos en cada momento.

El siglo xx ha abierto las salas de conciertos, creando nuevos espacios alternativos para la escucha y la experimentación: campos de fútbol o montañas, por ejemplo. Surgen entonces nuevas dinámicas y preguntas: ¿Cómo se delimita un espacio abierto si se pretende cobrar una entrada? ¿Cómo se controla entonces el sonido? ¿Cuál es la experiencia musical en un festival? ¿Es la muerte del concierto al uso?

9.
FESTIVALES, ENCUENTROS Y DESENCUENTROS: LOS NUEVOS LUGARES DE LA MÚSICA EN EL SIGLO XXI[1]

Ana-María Alarcón-Jiménez

Hablar de festivales musicales es hablar de espacios performáticos diversos. Bajo el halo unificador de un término aparentemente claro, se encuentran eventos tan dispares como el Festival Internacional do Mundo Celta de Ortigueira en Galicia (España), el Festival Petronio Álvarez en Cali (Colombia), así como el LUMS Music Festival en Lahore (Pakistán), o el Kriol Jazz Festival de Praia (Cabo Verde). Sin embargo, como ya se puede ver en esta pequeña lista, el festival se ha erigido en el siglo XXI como una forma recurrente de organización de la producción y la difusión de la música en directo a nivel mundial.

En este presente globalizado en el que vivimos, los festivales musicales más difundidos en la esfera pública internacional coinciden con los focos culturales hegemónicos del momento: Estados Unidos, Inglaterra y algunos países de Europa occidental. Aunque la globalización y la homogeneización de la cultura son procesos diferentes, el primero incluye la implementación de herramientas homogeneizadoras tales como ciertas técnicas publicitarias o el predominio de algunos idiomas y formas de vestir, entre otras cosas, las cuales pueden ser «absorbidas por las economías políticas y culturales locales».[2] De esta forma, a pesar de esa diversidad de festivales que mencionábamos en el párrafo anterior, los eventos conocidos fuera de sus límites regionales o estatales suelen ser pocos, y los festivales de países hegemónicos tienden a ser usados como puntos de referencia por los organizadores de eventos de diferentes partes del mundo.

Esto se puede ver claramente en festivales como Lollapalooza y Woodstock. El primero es un buen ejemplo del nuevo festival multisituado, es decir, de un tipo de evento anual cuya popularidad ha servido de apoyo para transformarlo en una empresa multinacional de música en directo, con filiales en Chile, Brasil, Argentina, Alemania, Suecia y Francia, además de su sede original en Chicago, Estados Unidos. El Festival de Woodstock de 1969, por otro lado, ha tenido un impacto mediático tan amplio que ha popularizado un cierto tipo de «espacialización»[3] de la música popular y, más concretamente, un cierto modo de escucha de lo que el historiador Eric Hobsbawm ha llamado «las músicas ancladas en la cultura juvenil».[4] El impacto de este festival estadounidense es aún visible en esta primera parte del siglo XXI, como se puede ver en eventos contemporáneos como Coachella o el Pol'and'Rock Festival (anteriormente conocido como *Woodstock Festival Poland* o *Przystanek Woodstock*, en polaco), entre muchos otros.

A diferencia de Woodstock, no todos los festivales se celebran al aire libre, ni convocan a una gran masa de oyentes. Sin embargo, al igual que este, la arquitectura del festival musical conlleva, por lo general, la construcción de un escenario elevado o la utilización de una infraestructura similar ya existente sobre la cual se ubican equipos de amplificación de gran envergadura.[5]

Dependiendo del tipo de control que la organización y las autoridades del lugar donde se realiza el festival quieran tener sobre su evento, su configuración espacial puede estar o no delimitada por vallas. La función principal de estas es demarcar arquitectónicamente el adentro y el afuera del festival para asegurar el cobro de entradas, como en el caso del Bilbao BBK Live, o para regular el ingreso del número de personas y objetos, como en el gratuito Festival Rock al Parque, de Bogotá. En festivales gratuitos y sin vallas como el Festival Internacional do Mundo Celta de Ortigueira, también se han llegado a implementar mecanismos de control para regular el ingreso de objetos, ubicando retenes policiales en los puntos de entrada a la villa de Ortigueira o a su zona de acampada en la aledaña Playa de Morouzos.

Las vallas de los festivales musicales ilustran, metafóricamente, aspectos sobre las relaciones cambiantes y en constante negociación que se dan entre músicos, organizadores, técnicos, ingenieros, público y cultura material, en el contexto de este tipo de eventos. Por ejemplo, la rigidez de unas vallas divisorias, construidas en un perímetro acordado por los organizadores de un festival con las autoridades pertinentes, regula el acceso, pero no detiene en su totalidad ni el flujo de público, ni de objetos, ni el sonido, ni las vibraciones de la música amplificada. Si nos centramos específicamente en el caso del público, ya en Woodstock 69 una mezcla de falta de planificación por parte de la organización del festival y el sentido de urgencia de los jóvenes asistentes por escuchar juntos y en directo, puso en evidencia el poder de negociación de una masa que terminó ejerciendo presión, derribando las vallas del festival y convirtiendo un evento de pago en una experiencia gratuita. En lo que va de este siglo, las redes sociales y servicios de Internet como YouTube han jugado un papel importante en la promoción y el aprendizaje de actividades como el salto de vallas de festivales musicales, una actividad peligrosa para sus jóvenes practicantes, que la justifican debido al elevado coste de las entradas de algunos de estos eventos.

Como explico a continuación, lo que sucede con las vallas —acotadas, diseñadas, construidas e implementadas para ser finalmente saltadas— se puede extender a otros aspectos del festival de música popular, *rock* y pop. El festival es, ante todo, un espacio de negociación entre una diversidad de actores sociales. Es un punto de encuentros y desencuentros, de enredos y transformaciones históricas impulsadas, entre otras cosas, por el desarrollo tecnológico de equipos móviles de audio, iluminación y vídeo, así como por el impacto de Internet en los modos de consumo y socialización de la música y la información en el mundo contemporáneo. En este capítulo me centro en dos festivales de *rock* y música popular con los cuales he tenido contacto a través de la investigación etnomusicológica, y expongo unos argumentos que considero importantes, aunque no exhaustivos, los cuales pueden ser utilizados para pensar festivales de otras músicas. De hecho, en el presente desde el que escribo se vislumbra una creciente influencia del *rock*, el pop y la música electrónica sobre aspectos musicales como el repertorio, la duración de las obras, los modos de escucha y las formas de presentación pública de una variedad de prácticas artísticas, incluida la música sinfónica europea. A diferencia de lo que se afirmaba en el *The New Grove Dictionary of Music and Musicians* del año 1987 en relación con la palabra *festivales*, apartado «nuevos desarrollos [siglo xx]», los festivales de *rock* y pop sí han alcanzado «un grado de respetabilidad» considerable en el siglo xxi.[6] Esto es así para los cientos de miles de personas que se esfuerzan por asistir a estos eventos multitudinarios en diferentes partes del mundo, invirtiendo cantidades considerables de tiempo y/o dinero en cuestión de entradas, transporte, alojamiento, alimentación, bebidas, y en el diseño o la adquisición de atuendos especiales.

Salto de valla 1: escenarios satelitales

Quiero empezar describiendo tres «imágenes» del escenario principal del Festival Internacional do Mundo Celta de Ortigueira (FMC), un evento creado (1978) e inicialmente gestionado (1978-1983) por iniciativa ciudadana, con el objetivo de abrir un espacio para la música popular de Galicia en la villa de Ortigueira tras el ocaso de la dictadura franquista.

Si intentáramos visualizar este escenario principal en su etapa inicial (1978-1983), veríamos una estructura hecha con tablas de madera, construida y erigida por los habitantes de esta villa sobre la ría de Ortigueira. La materialidad de este escenario nos contaría que formaba parte de un evento producido con poco presupuesto gracias a la colaboración de un amplio número de vecinos. Visto de lado en una de las fotografías de un álbum personal que fue compartido conmigo,[7] el escenario se observa enmarcando, sin vallas publicitarias, a los niños, niñas y jóvenes de la Escola de Gaitas de Ortigueira. Una pequeña bandera de Galicia ondea en el proscenio, adornando, de forma exclusiva, esta estructura sencilla.

Ahora visualicemos este mismo escenario, pero en su versión del año 2000. El escenario del FMC del siglo XXI es realmente diferente: industrializado, más sólido, transportado desde fuera, ensamblado por técnicos especializados externos a Ortigueira y ubicado enfrente, pero definitivamente fuera, de la mencionada ría. Esta es una estructura más costosa que la descrita anteriormente, financiada con dinero público pero gestionada, ya no por la ciudadanía ortegana, sino por el gobierno de esta villa (desde 1984 hasta el presente). En una fotografía disponible en la web del Festival,[8] el logotipo del FMC, en forma de serpiente e impreso en un par de estandartes ubicados a los lados del escenario, enmarca a una nueva generación de músicos de la Escola de Gaitas local. La imagen de este grupo se refleja, multiplicada tecnológicamente, en dos pantallas laterales con transmisión simultánea. Vemos claramente, pero no escuchamos nada. Intuimos una gran ola de sonido saliendo de este espacio en el festival de cambio de siglo, una ola evanescente, imponente y frontal.

Visualicemos por tercera vez el escenario en cuestión (denominado desde 2006 «Escenario Estrella de Galicia»), aunque en su caracterización del año 2013. Este escenario es parecido al del año 2000, de la misma forma en la que, en ciertos ámbitos actuales, lo público y lo privado se confunden. Vemos prácticamente la misma estructura anterior, pero un poco más grande, un poco más elevada, y definitivamente convertida en una pancarta publicitaria de la empresa cervecera Estrella de Galicia. Complementando la bandera de Galicia, visible en el escenario en todas las presentaciones de la aún existente Escola de Gaitas de Ortigueira, esta marca aporta un símbolo local, espacial e identitario ampliamente visible. Además de la aparición de su logotipo tanto en el escenario, como en el programa de mano y la página web del Festival, las pantallas laterales del escenario transmiten comerciales de Estrella de Galicia entre conciertos. Una vez más, la materialidad de esta estructura nos habla claramente: los mecenas de la música popular del siglo XXI ya no son los príncipes, ni los aristócratas, ni la Iglesia, ni las instituciones públicas, sino las empresas de bebidas alcohólicas. Lo novedoso no es el hecho en sí, sino la forma colosal con la que se anuncia.

Pero, ¿se escucha y se toca igual en estos tres escenarios del mismo festival? Para algunos asiduos de este evento con casi cuatro décadas de historia, y para un gran número de orteganos para quienes el festival es una parte intrínseca del legado cultural de base de su villa, el escenario de 2013 contenía, como una muñeca rusa, los escenarios de años anteriores. En este sentido, como tuve la oportunidad de aprender durante mi trabajo de campo en el FMC (2011-2013), el festival con el escenario Estrella de Galicia encerraba varias contradicciones. Por un lado, había una sensación de agradecimiento hacia una empresa privada que apoyaba la continuidad del Festival en un momento complejo, debido al estallido de la crisis mundial de 2008. Por el otro, se percibía una sensación de desconfianza hacia el gobierno local por ceder un espacio con valor colectivo a una entidad privada sin contar, ni escuchar, las opiniones de los habitantes de la villa. Además, aunque uno de los funcionarios públicos encargados de producir este evento justificaba sus decisiones como un intento de profesionalizar el Festival, de impulsarlo hacia el progreso construyendo un escenario al mismo nivel técnico y tecnológico de aquellos utilizados por Bruce Springsteen y Madonna,[9] su argumento no acababa de convencer. El festival más que un espacio era un «tiempo», un momento anual que recordaba el éxito de un esfuerzo colectivo por conectar musicalmente a Ortigueira con Galicia y otras partes del Atlántico europeo. El valor del festival era ante todo ese encuentro musical; el sonido del progreso no era el de una pauta publicitaria, sino el de la Escola de Gaitas subiéndose una vez más, con nuevos niños, niñas y jóvenes orteganos a las tablas del Festival.

Simbólicamente, por lo tanto, el escenario Estrella de Galicia se mostraba para algunos un tanto rígido y lejano, se veía como una estructura inadecuada y «presentacional» para una música eminentemente «participativa».[10] En su solidez, la capa externa de este escenario no dejaba transpirar el significado colectivo de los festivales anteriores; era un espacio sin poros. Así mismo, tocar y escuchar en este espacio, paradójicamente público y corporativo, equivalía a tocar, escuchar y, por lo tanto, a participar en un proceso de cooptación de un saber musical y creativo, «apropiado por el capital y circulado de vuelta en forma de mercancía».[11] Y aquí es donde viene el salto de valla, porque ¿cómo escapar de ese ciclo, de ese espacio indispensable y al mismo tiempo innegociable? Pues utilizando el «tiempo» del festival, pero tocando y escuchando en un escenario diferente. El Festival do Mundo Celta ha tenido varios escenarios no-oficiales y alternativos que, en su mayoría, han surgido como iniciativas ciudadanas en línea tanto con la historia del Festival como con su saber hacer colectivo.[12] Cabe mencionar, entre estos, el escenario de la Playa de Morouzos de 2013, construido por Marías[13] (uno de los músicos fundadores del evento de 1978) en la zona

de acampada del Festival; el escenario del Bar Caracas, un local regenta-
do por Antón Mera Hermida donde se realizan «sesiones» espontáneas
de música gallega, irlandesa y escocesa, entre otras, y el escenario del
Bar de Fredi, un *pub* gallego ubicado en Espasante (a siete kilómetros de
Ortigueira), propiedad del músico y bailarín Alfredo (Fredi) López, el cual
convoca a vecinos de Ortigueira y Espasante, así como a artistas invita-
dos al Festival a tocar, escuchar y bailar hasta altas horas de la madrugada. Aunque el festival sin el escenario principal no sería el Festival, la
actividad de estos escenarios satelitales ha sido esencial para la soste-
nibilidad del significado colectivo de este, especialmente ante las duras
condiciones socioeconómicas que han marcado el curso de la historia
de la Galicia rural en estas primeras décadas del siglo XXI.

Salto de valla 2: músicos, escenarios y toma de control

Las salas de conciertos y los teatros de ópera representan un tipo de
respuesta arquitectónica a cuestiones forjadas en el siglo XIX e implementadas en el XX, relacionadas con el deseo de facilitar una escucha
clara de la música en un espacio sónicamente aislado del mundo exterior.[14] A diferencia de estas salas, el festival de *rock* y pop no silencia el
ruido externo con materiales aislantes ni con un diseño arquitectónico
específico, sino por medio de la amplificación. Esta cumple así el doble
objetivo de llevar la música del escenario a una audiencia multitudinaria
y de silenciar, a punta de vatios y decibeles, lo que sucede fuera de este
espacio performático. El resultado de este tipo de experiencia musical
es una escucha en directo, colectiva y en ocasiones poco clara, pero
altamente dimensionada en su aspecto vibratorio.

En mi experiencia como investigadora de festivales musicales he
podido constatar que, a pesar del volumen, la amplificación y la PA (*Public
Address System*), es frecuente encontrar a los músicos participantes ex-
presando su frustración por no sentirse escuchados por el público al tocar
en este tipo de eventos. Otras quejas comunes incluyen una mala comunicación musical con los ingenieros de sonido del festival y, por ende, la sensación de haberse «escuchado mal»; la dificultad para oírse a sí mismos o a
sus compañeros de grupo durante los conciertos en directo, y la sensación
de pérdida de control musical en el contexto de sus presentaciones en términos de matices, timbre o equilibrio textural (balance de dinámicas entre
los músicos participantes). Al igual que en el auditorio, la sala de conciertos
o la ópera, los conciertos en directo de festivales de *rock*, pop y música popular son experiencias de vulnerabilidad para los músicos participantes. El
hecho de no poderse oír a sí mismos profundiza dichas sensaciones. ¿Qué
han hecho estos músicos para enfrentar esta vulnerabilidad en el siglo XXI?

El salto de valla en esta sección se centra en la utilización de tecnologías de audio como un mecanismo de toma de control. En salas de

concierto como el Symphony Hall de Boston (Estados Unidos), un músico acústico puede tocar y saber con un grado de certeza relativamente alto cómo suena aquello que interpreta ante su público.[15] En el contexto de un festival musical como el barcelonés AMFest, la situación es muy diferente. He escogido este festival, sobre el que realicé un trabajo de investigación puntual (2018), por ser un evento cuyo equipo de organización se esmera especialmente por ofrecer una buena calidad de sonido (esta es una de las razones por las que se realiza en espacios cerrados). El AMFest (2013 hasta el presente) es un festival musical enfocado en géneros como el *post-rock*, el *math-rock* y el *rock* experimental. A diferencia de tocar en el Symphony Hall, tocar en uno de los escenarios del AMFest, o en otros eventos con grandes escenarios y PA, implica una serie de retos en relación con la escucha de la música por parte de los mismos músicos que la interpretan. Estos retos están íntimamente ligados a la cuestión de la mediación, es decir, de la intervención de un sistema de audio externo en los instrumentos musicales del artista, del manejo de dicho sistema por parte de uno o más ingenieros de sonido, cuyos criterios deben satisfacer tanto las exigencias de la organización del festival, como las de los músicos y las de sus propias compañías, así como por la ubicación de la PA frente a, y por tanto sónicamente alejada de, los músicos a los que amplifica.

Tocar en un gran escenario con PA implica, necesariamente, conectarse a ese sistema y participar en el proceso de mediación que acabo de mencionar. En el momento del directo, el sonido de la música que los artistas han compuesto, ensayado e interiorizado se fragmenta: una cosa es lo que se oye (y se siente, por las vibraciones) sobre el escenario, otra en la platea y otra más en el *streaming* del evento. En el mismo escenario, en el que los miembros de una banda pueden escuchar a sus compañeros a través de monitores de escenario (altavoces dirigidos hacia los músicos), la escucha es fragmentada. En la prueba de sonido del trío vasco de *math-rock* Sofa, por ejemplo, escuché que el técnico del AMFest 2018 les preguntaba qué necesitaban en los monitores: el bajista respondió que quería escuchar la guitarra; el guitarrista, el bombo de la batería, y el batería, sus propios timbales y la guitarra. El asunto no es trivial, ya que presenta un reto a los músicos para escuchar, evaluar y reaccionar en directo ante la mediación de sus propias interpretaciones. De hecho, como me contaban algunos músicos del AMFest incluyendo a Linalab, Amsia, Mark Cunningham (miembro de Blood Quartet), Pau Rodríguez (del dúo Za!), iou3R, La Son y Jo Quail, encontrar un «sonido propio» es un aspecto esencial de su quehacer musical, el cual involucra tanto procesos compositivos como de control fisiológico (embocadura, manejo del arco con el brazo), de lutería (transformación del cuerpo de sus instrumentos, conexión a pedaleras de efectos y otros aparatos tecnológicos, diseño, programación y construcción de instrumentos analógicos y digitales) y de producción musical. No llegar a sonar como ellos quieren implica, en cierto grado, una pérdida de su identidad musical.

A diferencia de los conciertos monográficos, los festivales musicales ofrecen unas condiciones de sonido generales con un rango limitado para satisfacer las exigencias específicas de cada uno de los músicos participantes sobre el escenario. Uno de los espacios que tienen los músicos para lograr acomodarse y disminuir al mínimo los efectos de la fragmentación sonora, que mencionaba en el párrafo anterior, son las pruebas de sonido. Una buena prueba de sonido, planeada y realizada con tiempo, como en el caso del AMFest, puede ayudar a los artistas a alcanzar un alto grado de comodidad y control musical, y a los ingenieros de sonido, a entender cómo quieren ser sonorizados. Otra estrategia, aunque con un impacto económico alto para los músicos, es contratar a su propio ingeniero de sonido. A pesar de que el asunto de esta pérdida de control y fragmentación en los grandes festivales con PA no es nueva, en el siglo actual, la accesibilidad económica de *software* y equipos de audio, el desarrollo tecnológico de estos y su creciente portabilidad, están siendo utilizados por los músicos para «saltar la valla» y aumentar su sensación de control en los directos. Para los grupos noveles o poco conocidos, un mayor control puede implicar un mayor aprovechamiento de las oportunidades que los festivales contemporáneos ofrecen en términos de difusión, experiencia, conexiones profesionales y dinero. Por otra parte, un mayor control, o la posibilidad de ejercer el autocontrol en este mismo sentido, puede, más allá de las cuestiones comerciales, permitir a los músicos representar su identidad sónica y la de sus piezas ciñéndose lo más cercanamente posible a sus propios parámetros creativos, estéticos y estilísticos. Por ejemplo, en aras de controlar la totalidad de su propuesta músico-audiovisual, el proyecto La Son llevó al AMFest 2018 su propio equipo de iluminación, previamente programado en coordinación con la proyección de un vídeo y su interpretación musical en directo (ecualizada y mezclada «en casa»). La preparación de su concierto incluyó, además, la práctica en una sala con PA,[16] siendo este un tipo de tecnología que ya ha empezado a ser parte de la rutina de ensayos de algunos grupos musicales. Por otro lado, la violonchelista británica Jo Quail, invitada también al AMFest 2018, cambió el chelo acústico por el eléctrico desde su incorporación en proyectos musicales con instrumentos eléctricos. Actualmente toca como solista con el mencionado chelo eléctrico y un *loop station* Boss de tres canales, e intenta mantener un nivel de control, consistencia y estabilidad en sus presentaciones en directo ecualizando y mezclando previamente sus piezas en su sala de ensayo, así como tocando con auriculares en sus conciertos para poder escuchar directamente la mezcla que le llega a la audiencia.[17] Músicos como Quail y La Son, entre otros, utilizan todo un entramado de procesos y herramientas tecnológicas previo a y durante el directo, para aproximarse, no a través de la arquitectura sino de la ingeniería sonora, al tipo de autoescucha y control musical característicos de espacios como el Symphony Hall.

Salto de valla 3: reflexiones finales

Empecé este texto mencionando que, a pesar de la diversidad de festivales existentes en diferentes partes del mundo, los más conocidos internacionalmente son pocos y de unos lugares específicos. El impacto de la globalización, la popularidad de los festivales como un modo de producción y difusión musical y la gestión de algunos de estos eventos para aumentar su eficiencia como modelo de negocios, a partir de ejemplos puntuales estadounidenses o europeos, son factores que han contribuido a la homogeneización y a la creciente comercialización de los festivales de diferentes géneros musicales. Ante este panorama, y dado el valor cultural, afectivo y profesional que tienen los festivales musicales para diferentes agentes sociomusicales, personas de diversa índole han desarrollado e implementado propuestas alternativas para, por un lado, aprovechar el «tiempo» del festival y, por el otro, personalizar o adaptar su espacio. Los escenarios satelitales han cumplido esta función. Además, la implementación de aparatos y procesos tecnológicos de última generación ha permitido representar una identidad musical, manipular su espacio de *performance* y configurar, hasta cierto punto, un espacio acústico preparando su propia mezcla y ecualización. Quedan fuera muchos casos, como el uso de YouTube por parte de la audiencia para subir y compartir vídeos de sus festivales predilectos. Cabe decir, de todas formas, que todas estas acciones reconfiguran la geografía festivalera y abren nuevos espacios para la música local en la esfera pública global del siglo XXI.

Ana-María Alarcón-Jiménez

Doctora en Etnomusicología por la Universidade Nova de Lisboa. Sus intereses de investigación incluyen temas como la interrelación entre música, estética y resistencia. De 2011 a 2016 trabajó como investigadora asistente en el Instituto de Etnomusicología, Centro de estudios en música y danza (INET-MD) de la Universidade Nova de Lisboa. Entre 2007 y 2009 fue Profesora Asistente del Departamento de Música de la Universidad de California en San Diego. Es coordinadora del Grupo de Etnomusicología del Instituto Catalán de Antropología (ICA). Actualmente trabaja como Investigadora Posdoctoral en la Universidad de Barcelona.

LISTA DE LOS GANADORES DEL PREMIO ERNST VON SIEMENS (2000-2019)

2000 Mauricio Kagel (compositor)

2001 Reinhold Brinkmann (musicólogo)

2002 Nikolaus Harnoncourt (director)

2003 Wolfgang Rihm (compositor)

2004 Alfred Brendel (pianista)

2005 Henri Dutilleux (compositor)

2006 Daniel Barenboim (pianista y director)

2007 Brian Ferneyhough (compositor)

2008 Anne-Sophie Mutter (violinista)

2009 Klaus Huber (compositor)

2010 Michael Gielen (compositor y director)

2011 Aribert Reimann (compositor)

2012 Friedrich Cerha (compositor)

2013 Mariss Jansons (director)

2014 Peter Gülke (musicólogo)

2015 Christoph Eschenbach (director)

2016 Per Nørgård (compositor)

2017 Pierre-Laurent Aimard (pianista)

2018 Beat Furrer (compositor)

2019 Rebecca Saunders (compositora)

ANTROPOCENO

En 1944, Howard Hawks hizo que una logopeda bajase el tono de la voz de Lauren Bacall durante la filmación de *Tener o no tener (To Have and Have Not)*. Durante los años sucesivos, los pájaros cantores urbanos no cesaron de esforzarse en lo contrario. Los ruiseñores, por ejemplo, no han solo alzado su voz en la ciudad, sino que lo cantan todo más corto y mucho más agudo que sus compañeros del campo. Las frecuencias graves de las máquinas y los motores interfieren peligrosamente en sus flirteos: *No sex in the city!* Solo hacia arriba podrían ganar la batalla. Pero ojo, tampoco muy arriba, que podrían chocar con el 5G.

CON ALTURA

En 1977, Carl Sagan y su equipo lanzaron en el Voyager 1 y 2 una selección de música y sonidos humanos que representaban —a su juicio— un abanico de sonoridades de la vida en la tierra, algo que iba desde Beethoven hasta sonidos de órganos humanos, pasando por Chuck Berry, por si daba la casualidad de que algún *alien* por ahí se topaba con las naves y quería informarse de los *highlights* sonoros humanos. El 13 de junio de 2019 se comenzó a emitir al espacio desde el Voyager 3 24/7 *free jazz* generado por una inteligencia artificial (Outerhelios) inspirada en *Interstellar Space*, de John Coltrane, uno de los discos fundacionales de este género. Tras escuchar el disco de Coltrane 16 veces, la inteligencia artificial comenzó a crear su propio *free jazz* tras lo aprendido. Además, se podía escuchar en *streaming* desde Youtube hasta que se perdiera la señal. Eso pasó el 29 de julio. El *free jazz* que nos llega ahora es *noise*.

Quizá los *aliens* no tienen orejas. Quizá tienen orejas, pero estas perciben las ondas sonoras solo en otro registro de frecuencias. Quizá les importan poco nuestras invasiones sonoras. Quizá están esperando a que les mandemos a Rosalía.

PERREO COMBATIVO

En julio de 2019, unas filtraciones homófobas, machistas y racistas del presidente de Puerto Rico Ricardo Rosselló causaron la indignación popular, lo que generó que durante días se exigiera su dimisión en las calles con manifestaciones masivas (encabezadas por celebridades como Ricky Martin, Bad Bunny, o Residente). El 24 de julio se convocó un perreo masivo enfrente de la escalinata de la Catedral Metropolitana Basílica de San Juan Bautista. El cantante Tommy Torres preguntaba ese día en Twitter por la hora del "perreo combativo", dándole sin querer nombre a este peculiar encuentro de cuerpos. Se han viralizado imágenes en las que se ven colectivos "cuir" bailando en señal de protesta ese derivado del *dancehall* que, hasta hace unos años, la izquierda negaba y repudiaba por ser cosificador de los cuerpos. El 25 de julio Rosselló anunciaba su dimisión.

IV. TIEMPOS

LOS CUÁNDOS Y LA COMPLEJA CONSTRUCCIÓN DE LAS CRONOLOGÍAS O, MEJOR DICHO, LAS CRONOIDEOLOGÍAS.

Internet

(sustantivo)

La red-entre nos-otros.

Buscar músicas, hacernos listas de reproducción, descargarlas, escucharlas en cualquier dispositivo. Es la experiencia cotidiana de la velocidad, hiperconectividad y absoluta ubicuidad. ¿Cómo ha modificado internet nuestra escucha? ¿Cómo afecta la simultaneidad, los flujos de información y la hiperdisponibilidad a la música?

10.
EL TIEMPO A LA VEZ: INTERNET, LA MÚSICA Y NOSOTROS

Carlota Surós

Con la llegada de Internet, los primeros móviles y la entrada de los ordenadores en el ámbito doméstico a finales de los años noventa, nuestra forma de consumir, producir, comprar y escuchar música y cultura cambió de forma radical. David Hesmondhalgh y Leslie M. Meier sostienen que este cambio vino con el paso de lo que comúnmente conocemos como *Consumer Electronics* o *CE* (electrónica de consumo) a la IT, *Information Technology* (tecnologías de la información), uno de los pasos clave de la revolución tecnológica del nuevo milenio.[1]

Hasta el año 2000, la electrónica de consumo había marcado gran parte del siglo xx en cuestión de tecnología, con aparatos que se usaban sobre todo en el ámbito doméstico (gramófonos, radios, televisiones, etc.), que requerían un cierto tipo de tecnología musical concreta (casetes, CD, vinilos...) y que comprábamos en tiendas de discos o tiendas especializadas. La radio y la televisión, especialmente desde la aparición de la televisión por cable, eran fuentes importantes tanto de consumo como de exposición y recepción de música. Un ejemplo de ello fue el canal de televisión MTV, cuyo formato y programas fueron enormemente populares y decisivos para la industria musical, especialmente desde finales de los ochenta y principios de los noventa. La música se escuchaba, por lo general, en casa, en el coche o en directo, y el consumo era menos personalizado de lo que llegaría a ser con las tecnologías de la información. Pese a eso, en las últimas décadas del siglo xx ya se había apreciado un deseo de consumo individualizado y móvil, materializado con los transistores de radio portátiles, los auriculares y con aparatos como el Sony Walkman o el Discman.

En el siglo XXI, el acceso a Internet y a la banda ancha, junto con la emergencia de los archivos digitales de música comprimidos (como el MP3), impulsaron una nueva forma de experimentar la música mucho más atomizada, interactiva e individualizada que, digamos, lo que podían permitir medios de comunicación unidireccionales como la radio y la televisión. Una vez conectados nuestros ordenadores a Internet, se abrió una veda de oportunidades personalizadas infinitas. Lo que podíamos escuchar ya no se limitaba principalmente a lo que nos venía dado. La expansión de la digitalización relegó la radio y la televisión como fuentes principales de obtención de información y tendencias musicales, convirtió en obsoleta la mayoría de la electrónica de consumo musical a excepción del vinilo (que tuvo un *revival* de culto) y colocó en el centro una serie de nuevos problemas, como las infracciones de *copyright* o protección de derechos de autoría, que carecían de regulaciones específicas.

Hesmondhalgh y Meier dividen esta nueva era musical en tres épocas distintas: el inicio de la compartición de archivos P2P a partir del lanzamiento de Napster (de 1999 a 2003), la irrupción de iTunes y los reproductores MP3 (de 2003 a 2008) y las compañías telefónicas y el *streaming* (desde 2008 hasta la actualidad).[2] Estos dos autores se centran primordialmente en los avances tecnológicos, porque consideran que estos median demasiado en nuestra forma de experimentar la música como para no colocarse en el centro de esta enrevesada relación entre música, tiempo y nosotros.[3] Este capítulo intentará trazar estos mismos avances en conjunción con otros elementos que añaden la dimensión del «nosotros» respecto a la música y no solo la forma en que la música llega hacia nosotros: nuestras formas de organizarla, las redes sociales y la nueva cultura del «compartir», la formación de nuevas comunidades y nuestros nuevos hábitos en la forma de vivir y hacer música.

Napster: la revolución en la Red
A finales de los noventa se popularizó el uso de tecnologías de compresión de datos, en especial el MP3 (la piedra angular de la distribución musical en Internet), cuyo formato era fácilmente descargable. Fue el momento perfecto para que, en junio de 1999, Shawn Fanning y Sean Parker lanzaran Napster, un servicio gratuito en Red, especializado en música y basado en la compartición de archivos P2P (*peer-to-peer*).[4] A pesar de que el *file-sharing* ya existía antes de su aparición, Napster fue el primer servicio en ofrecerlo que alcanzó una popularidad masiva y, como consecuencia, en tener un impacto fuerte en las formas de consumir música. A pesar de que Napster tenía un servidor central, el acceso a los archivos se obtenía mediante individuos, convirtiendo el servicio en

una herramienta real de intercambio y compartición. El *software* también introdujo el concepto de «biblioteca», que permitía a los usuarios acceder a las bibliotecas musicales de otros usuarios.

En menos de un año, Napster ya tenía más de un millón de miembros, y, en su momento más álgido, 25 millones de usuarios (que incluían desde simples curiosos a melómanos, *techies* o ciberlibertarios) y más de 80 millones de archivos musicales disponibles. El *software* se volvió tan popular que se convirtió rápidamente en el lugar donde buscar desde el top 40 a discos raros o alternativos, caras B y *bootleg recordings* (lanzamientos o grabaciones no autorizadas), entre otros. Su uso terminó prohibiéndose o limitándose en algunos negocios, escuelas y universidades porque congestionaba sus redes informáticas.[5]

Dado que Napster era un servicio de descarga, los usuarios obtenían copias reales de archivos MP3 sin tener que demostrar su compra. Este hecho llevó en el mismo año 1999 a la Recording Industry Association of America (RIAA)[6] a denunciar a Napster en el Tribunal de Distrito de San Francisco por «infracción de *copyright*» y «violación de derechos de autor».[7] El fallo, que dio la razón a la RIAA, obligó a Napster a cerrar en el año 2001 bajo el alegato de que «los usuarios de Napster consiguen gratis algo por lo que, ordinariamente, se debe pagar». Según la RIAA, los titulares de los derechos sobre las grabaciones musicales «deben poder beneficiarse del "nuevo mercado" que facilita la red Internet».[8]

El fin de Napster no supuso un fin para la cultura del compartir, pero evidenció los matices y distintas perspectivas sobre sus implicaciones. Algunos condenaron el llamado *file-sharing* como piratería, mientras que, para otros, esta misma dimensión era considerada positivamente: la clave de una nueva economía libre basada en el intercambio. «Napster redefinió la forma de acceso e interacción con la música», afirman Nowak y Whelan en *Networked Cultures*: «Los siguientes años se definieron, retrospectivamente [...] por el desarrollo de un drama social particular: la oposición entre la aplicación de un modelo de producción y distribución tecnológico y legal, y los modos de distribución alternativos criminalizados».[9]

A pesar de los esfuerzos de la industria musical para limitar al máximo el intercambio de archivos musicales digitales vía P2P y la existencia de la piratería, pronto se demostró que, con el cierre de Napster, esas nuevas prácticas de intercambio no iban a terminar. En el primer lustro de los 2000, incluso tras el lanzamiento de plataformas con licencias legales como iTunes, programas como eDonkey, Gnutella, Audiogalaxy, Emule, Morpheus, KaZaA o Mutella, entre otros, siguieron ofreciendo servicios P2P hasta que fueron obligados a cerrar, a cambiar sus protocolos o a ofrecer sus archivos legalmente.[10] Por entonces ya se habían creado nuevas alternativas como BitTorrent, que permitiría descargar simultáneamente distintas partes de archivos de cualquier tipo (incluyendo películas, videoclips o libros, entre otros), sin depender de usuarios concretos, y en cualquier momento.

La popularidad de estos programas supuso una mayor demanda de banda ancha, cosa que llevó a los proveedores de Internet, los fabricantes de reproductores MP3 y las tiendas digitales *online* a mejorar sus servicios y aumentar sus beneficios. El consumo había pasado de la materialidad a lo digital, llevándose como víctimas principales a los minoristas, en especial a los especialistas en música.[11] Paralelamente, se hizo evidente que las denuncias y medidas punitivas hacia usuarios individuales no eran medidas efectivas para detener el fenómeno masivo de las descargas.

Nuevas formas de escucha inmediata: adiós al *Rec*

El acto de escuchar es un proceso activo. En el siglo xx, la música ha demostrado tener una relación simbiótica con la innovación tecnológica, dicen Bergh y DeNora.[12] Las tecnologías digitales llevaron, tras el cierre de Napster en 2001, a un declive de ventas de discos.[13] Tras el *boom* del MP3 y la facilidad de acceso a archivos de música digitales, los discos físicos se habían convertido en una pieza casi de colección para el consumidor medio. Comprar un disco pasó a ser una decisión «final» (después de haber escuchado el álbum) en lugar de una necesidad previa para poderlo escuchar.[14] Paralelamente, aumentó el consumo individualizado de música, «más intenso y personalizado», y se democratizó la escucha más atenta y alejada de los gustos más masivos o canónicos.[15]

Otro de los cambios que se evidenciaron con la transformación digital y con Napster fue nuestra forma de colectivizar la música. Las llamadas *mixtapes* (cintas recopilatorias), que habían sido enormemente populares en los ochenta y noventa como forma de compartir música con los demás, fueron sustituidas por *CD-mixes*. Estos permitían a los usuarios hacer sus propias *playlists* arrastrando las canciones, en lugar de tener que esperar a escucharlas en la radio y correr a presionar el botón *Rec*.[16] Durante el siglo xx, las *mixtapes* en casete habían sido una forma de intentar reproducir el efecto dinámico de las mezclas de los clubes, fiestas o radios y requerían (sobre todo las caseras) una dedicación prácticamente artesana: recordemos la escena de *Alta fidelidad*, de Nick Hornby, en la que Rob, su protagonista, explicaba minuciosamente las imbricaciones del proceso de armar recopilaciones.[17] La grabadora de CD, así como los *softwares* que permitían *ripear* los discos, pasarlos al ordenador y subirlos al ciberespacio, ampliaron las posibilidades del formato de la recopilación: el acceso a la música y al contenido del álbum ya no estaban determinados por su creador, distribuidor o DJ de radio, sino por el usuario.

El desarrollo legal en esta etapa, con las violaciones de *copyright* en el centro de la cuestión, vino de la mano de este cambio. Los casetes ilegales también se habían vendido en las esquinas o habían pasado de mano en mano en la sombra del anonimato. Sin embargo, con la llegada de la grabadora de CD, en especial la grabadora casera (recordemos que las primeras, a finales de los años noventa, podían costar alrededor de 600 dólares), las copias no-oficiales se empezaron a producir en masa y de manera mucho más rápida. A principios de los 2000, no era extraño ver vendedores de copias de CD en las calles, en los mercadillos o en algunas tiendas, para consternación de las compañías discográficas y los organismos de protección de *copyright*. «Hay un espíritu común en Internet que hace creer a la gente que puede cogerlo todo gratis, pero es difícil argumentar contra el hecho básico de que *ripear* música de un disco y colgarla en Internet es sinónimo de robo. Es el equivalente a ir a una tienda y llevarte algo sin pagar», declaraba el vicepresidente de la RIAA, Steven Marks, en 1999.[18] Muchos de los usuarios de los *softwares* de descarga no compartían esta visión.[19]

El formato MP3 se convirtió en una amenaza más palpable que las recopilaciones en casete porque su formato comprimido facilitaba una circulación más rápida y tener más canciones al alcance de la mano. También permitía disponer de la música de forma prácticamente inmediata, sin tener que esperar a escucharla en la radio. Esto daba pie, a su vez, no solo a copiar álbumes enteros, sino a crear infinidad de *playlists* en un tiempo récord. Nuevos portales de Internet permitían que los consumidores pudieran conectarse, proveer y recibir música sin tener que pasar por la tienda de discos. «Está claro que el fan ha ganado el pulso a la industria musical en cuanto a música *online*; ahora estamos intentando adaptarnos», declaraba Hilary Rosen, presidenta de la RIAA, en *Entertainment Weekly*.[20] Las tecnologías habían democratizado el acceso a la música, pero a la industria le estaba llevando un tiempo comprenderlo. Los inicios de los 2000 fueron el albor de la inmediatez: la gente deseaba, ahora, música en formato digital, descargable, flexible, compartible, móvil, y lo más económica posible. Marc Geiger, director y CEO de Artistdirect.com, decía a *Rolling Stone* en el año 2000: «Todo el mundo que ha intentado vender música *online* ha fracasado. Los precios que hay no se acercan ni remotamente a lo que los consumidores perciben que vale la canción»[21] y aún menos sin contar con un soporte físico. A falta de opciones, la piratería se había convertido en una práctica globalizada y había que buscar alternativas.

La manzana mordida: iPod, iTunes y la revolución de Apple

La empresa Apple fue una de las compañías con mejor ojo a la hora de comprender los vacíos comerciales que estaba abriendo la revolución digital y, al mismo tiempo, a negociarlos con los distintos agentes invo-lucrados en la industria musical. En octubre de 2001, apenas un mes después del 11 de septiembre, Steve Jobs anunciaba el lanzamiento del primer iPod, un aparato que, en sus propias palabras, «iba a ser revolu-cionario». La música digital todavía no tenía un líder de mercado, y Naps-ter había creado una serie de necesidades de consumo que Jobs había atisbado bien. Jobs presentó el iPod como un reproductor MP3 con la calidad de audio del formato CD, capaz de reproducir todos los formatos disponibles en música digital y con una de las opciones más populares de Napster: la biblioteca digital. La movilidad del iPod permitía crear un auditorio individualizado en cualquier lugar. El primer iPod contaba con mucha más capacidad que los reproductores de MP3 habituales y tenía una de las ventajas que iban a marcar la era Internet: la velocidad. En diez segundos, un usuario de iPod podía bajarse un disco entero. Has-ta entonces, la media de los reproductores MP3 era de cinco minutos por disco (cinco horas para mil canciones). ¿Qué son cinco horas en los tiempos de Internet? Años luz. Tenemos, pues, tres claves que reflejaban nuestra nueva relación con la música: la personalización, la movilidad y la inmediatez.

En 2003, dos años después de la presentación del iPod, Apple lan-zó iTunes Store, el Walmart de la venta de música digital. La industria di-gital no tardó en negociar licencias con Apple, dado que iTunes fue el pri-mer portal de venta de descargas digitales compatible con la protección de los derechos de autor y que permitía comprar canciones sueltas en lugar de discos enteros (a un precio que Apple mismo estableció: 0,99 dólares por canción). Era una vía legal para crear *playlists* o colecciones personalizadas, tanto en ordenadores como en iPod. Hasta entonces, las listas de reproducción digitales se habían limitado a las opciones ofrecidas por los *softwares* de descargas o bien *CD-mixes*. Versiones posteriores del iPod añadieron la opción *Shuffle* (modo aleatorio), lo que permitía improvisar la reproducción de las canciones de la colección. Apple, empresa de IT, había puesto su pie en la electrónica de consumo para revolucionar sus fundamentos. Otros gigantes tecnológicos, como Google o Amazon, seguirían de cerca estos pasos.

Evidentemente, la aparición del iPod y de iTunes no terminó con la piratería. Los *copyfighters* y audiófilos veían con recelo la rigidez de un sistema como iTunes. La aparición del iPod convivió con el auge y caí-da de los *softwares* de descarga pos-Napster, pero también con nuevas formas de compartición, como las redes sociales o la descarga direc-ta. Servicios de almacenamiento *online* como RapidShare, Megaupload o Mediafire, creados durante la primera década de los 2000, pronto se convertirían en alternativas más privadas y difíciles de rastrear que los *Torrent* o programas P2P en cuanto a obtención de álbumes o canciones. En 2012, una de ellas, Megaupload, fue obligada a cerrar, acusada de basar su negocio en la infracción de *copyright*. En el momento de su cierre, Megaupload contaba con más de 150 millones de usuarios registrados e ingresos de más de 175 millones de dólares anuales. La lucha legal de los agentes de la industria musical contra estas formas de compartición sigue en pie hoy en día.

Plataformas de recomendación, *streaming* y redes sociales: hacia una cultura de escucha individualizada

Con el cierre de las tiendas físicas, aparecieron alternativas para artistas y músicos de cara a colgar y vender sus canciones o temas en la Red. El éxito de radios *online* y plataformas de recomendación como Slacker, Pandora y Last.fm abrieron nuevas oportunidades para crear comunidades musicales personalizadas y especializadas, en las que los mismos usuarios podían desarrollar más conciencia sobre sus gustos y descubrir música basada en sus escuchas o *scrobblings* (registros de canciones escuchadas). Plataformas de *streaming* como Apple Music, Deezer y, sobre todo, Spotify, el servicio líder en el sector actualmente, utilizan elementos similares a estas radios y plataformas de recomendación *online*, aportando cada vez más servicios personalizados y adaptados a las características de cada oyente.[22] Estas plataformas suelen mezclar elementos tradicionales de la radioemisión con la cultura tradicional de *playlists* y *mixtapes*. Mediante estas plataformas, los usuarios pueden crear sus propias listas de reproducción o bien escuchar listas preprogramadas basadas en género musical (por ejemplo, «Pop»), actividades (por ejemplo, «Deporte» o «Trabajo») o estado de ánimo (como, por ejemplo, *Feeling Good*, *Just a Smile*). Estos servicios han sido los que, por primera vez desde la aparición de Napster, han disminuido las descargas no autorizadas en Internet.

Durante el primer lustro de los años 2000, no solo aparecieron las plataformas de *streaming*, sino también las redes sociales, que dieron una oportunidad de crear valor social añadido. Las plataformas de recomendación de música y los servicios de *streaming* han bebido enormemente de las redes. Myspace fue una de esas plataformas. En 2005, solo dos años después de su creación, más de 240.000 grupos profesionales y *amateurs* habían creado un perfil en la página para promocionarse.[23] Artistas consagrados como Radiohead o Nine Inch Nails utilizaron las redes para ofrecer archivos digitales, promover sus lanzamientos o incluso lanzar álbumes enteros gratuitamente (ese fue el caso del disco *In Rainbows*, lanzado en 2007). Con la digitalización, la interacción entre artistas y fans devino una cuestión central. Redes sociales como Myspace han permitido desarrollar una relación simbiótica entre fans y músicos. Las redes tienen un elemento de comunidad que les permite conectar no solo individualmente con los grupos o artistas, sino también en grupo; crean afiliación. También permiten a los artistas mostrarse como ellos quieren y crear su propia imagen, y a los fans, interactuar con ellos. Poco después de Myspace, aparecieron otras redes, como Facebook (2004), YouTube (2005), Twitter (2006), Bandcamp (2007), SoundCloud (2007), Mixcloud (2008) o Instagram (2010), muchas de ellas combinables y con un denominador común: la conectividad. Usadas como herramientas de promoción, estas redes permiten que los consumidores devengan productores y viceversa; los llamados *prosumers*. Las redes sociales han sido especialmente útiles para artistas independientes o más alejados de los medios de comunicación masivos, al mismo tiempo que han creado fenómenos populares desde la independencia. En este sentido, funcionan como la radio, emitiendo hacia una audiencia grupal. Las redes también permiten la búsqueda especializada de música o de información, y con ellas se han encumbrado ciertos medios de comunicación especializados que han tenido una gran influencia a la hora de definir las nuevas tendencias musicales de los últimos años, como Pitchfork o Resident Advisor.

A pesar de que las redes tienen este potencial de compartir y de construir comunidad, no hay que ignorar la estructura de explotación capitalista que ocurre en estas plataformas sociales. El uso de las redes es un arma de doble filo: tanto permite a las corporaciones mantener su dominación en Internet como a los artistas periféricos o independientes retar a esas estructuras capitalistas.

El *smartphone*: aquí, ahora o cuando sea

Como hemos visto, ya desde principios de los años 2000, el sector de IT ha introducido una serie de avances tecnológicos. El siguiente en sustituir el iPod y los reproductores MP3 fue el llamado *smartphone*, cuyo uso se ha incrementado a nivel global en el último lustro y, con él, las formas de escuchar música. Los avances en materia de aplicaciones o *apps* han sido prácticamente inseparables de la cultura del sonido móvil, permitiendo que los teléfonos tengan funciones que trasciendan la mera reproducción de música (hoy en día ya integrada en la mayoría de los teléfonos).

A raíz del uso globalizado del móvil, se han despertado nuevas formas de creación y reciprocidad con la música, no solo a través de redes sociales, sino también al convertir el propio móvil en un instrumento musical (por ejemplo, Ocarina o SoundScaper), en una herramienta de reconocimiento de música (mediante *apps* como Shazam o Midori), un aparato para escuchar emisoras de radio, un buscador de letras de canciones... Según Noriko Manabe, la era del móvil ha supuesto un cambio radical en los hábitos de escucha de música porque se puede hacer desde cualquier lugar y de forma inmediata.[24] El acceso a Internet con el móvil se ha expandido gracias a la difusión del wifi y redes como el 3G, 4G, 5G y demás. Con el acceso a Internet allá donde vayamos, se ha expandido la conectividad: navegar por la Red es más fácil e inmediato y prácticamente podemos hacerlo de forma continua.

Todos estos cambios en red se han dado, también, al poder usar nuestros teléfonos allá donde queramos y cuando queramos. La industria musical se ha adaptado a todo ello en un sistema que ahora no solo se basa en la propiedad intelectual y licencias, sino también en datos de consumo.[25] Los consumidores ya no pagan por música, como se hacía en la era predigital, sino por servicios y, en todo caso, por consumir música en directo. Por otro lado, la línea entre el oyente y el productor se ha ido difuminando cada vez más: la facilidad para crear comunidades en Red también permite a nuevos artistas y oyentes emprender sus propias aventuras musicales (sellos discográficos, productoras, agencias de *booking* especializadas, etc.). El uso de los móviles también se ha aprovechado en eventos de música en directo. Por ejemplo, los festivales de música llaman a la interacción (con conciertos secretos o bien votaciones para elegir a los artistas de un cartel) o a la practicidad (con la venta de entradas o el uso de códigos QR).

El futuro: y ahora, ¿qué?

Internet ha cambiado nuestra forma de comunicarnos, pero también nuestra forma de escuchar. Escuchamos música, pero también nos hemos convertido en emisores y en audiencia a través de nuestra actividad *online*. La relación entre Internet, la música y nosotros viene marcada por la tecnología, que ha democratizado estas relaciones y, al mismo tiempo, les ha puesto un precio. Ha tenido un impacto en nuestra forma de hacer música y de escucharla, pero también en la creación de nuestras identidades. Es difícil saber lo que nos deparará el futuro, porque todo esto dependerá de cómo, cuándo y dónde interactuemos con la música. Y esto, en la era digital, es difícil de predecir. ¿Seguirán siendo los móviles la herramienta crítica para ello? ¿Cómo podrá relacionarse la música, como forma de organización cultural y social, con este aparato legal y tecnológico? ¿Conseguiremos desbancar las lógicas capitalistas hacia una ecología musical más igualitaria, más libre y más accesible a todos? ¿Evolucionaremos aún más en la *datificación* de la escucha? ¿Ha terminado el *streaming* con las descargas de una vez por todas? ¿Seguiremos haciendo y compartiendo *playlists* como hemos hecho durante los últimos 50 años, aunque cambien los modos de distribución? ¿Cómo seguiremos sincronizados dentro de la asincronicidad? Muchas preguntas, como siempre, para predecir un mundo con obsolescencia programada.

<u>Carlota Surós</u>

Vive y trabaja en Berlín. Su campo de interés es la intersección entre el arte contemporáneo, la sociología urbana, el feminismo, la música electrónica, la curaduría y la teoría crítica. Su formación transdisciplinar (es graduada en Lenguas, Máster en Museología y Teoría Crítica y Máster en Estudios Culturales) le ha permitido extender su práctica en el campo cultural y la docencia, así como colaborar con medios de comunicación y editoriales como escritora, traductora e investigadora. Dicen que siempre anda buscando las grietas en todo lo que la rodea; mientras eso ocurra, sabe que está haciendo las cosas bien.

Juego

(sustantivo, masculino o lo que surja)

1. Ficción en la que interactúan instrucciones y reglas (con sus correspondientes trampas y estratagemas) que implican la simultaneidad entre el pensar y el actuar de los jugadores. Puede ser algo muy serio o no, pero casi siempre es lógico. Proviene del latín "ludus", que refiere a juego, diversión o pasatiempo.
2. Metáfora referida a aquellas actividades que implican algo de simulación y de vértigo. Por eso, tocar un instrumento en algunos idiomas (*to play, spielen, jouer*) equivale a "jugar".
3. Metáfora referida a aquellas acciones que implican transgredir límites: morales, relacionales o vitales. Cfr. "¡No juegues conmigo!"
4. Habría dos formas fundamentales de jugar (en cualquiera de las acepciones): siguiendo un objetivo —y elaborando para ello una estrategia— (en el ajedrez) o dejando que las cosas fluyan (en la ruleta rusa).

Tecnostalgia

(sustantivo, femenino)
Tecnología + Nostalgia

Hacer fetiches musicales de los objetos de la infancia tecnológica. Suele englobarse en una conciencia ecologista y anticomunista.

Problema de partida

La música, en tanto que arte temporal,
tiene al tiempo como problema.
Su organización temporal no es lineal,
ni obedece a nuestra experiencia cotidiana
del tiempo. ¿Nos exige la música "alinear"
nuestra temporalidad con la suya?
¿O más bien nos invita a desarmar nuestra
estructura cronológica a favor de otras
temporalidades posibles que solo se darían
en ella?

11.
EL TIEMPO HACIA DENTRO: ORGANIZACIÓN TEMPORAL Y ESCUCHA

Carmen Pardo

1. Organización temporal y escucha atenta

«Una de las grandes categorías de Beethoven es la de lo serio, del no estar ya jugando [*Nicht-länger-Spiel-Seins*]. Ese tono —que casi siempre se debe a la trascendencia a la forma— no existía antes de él. Donde más potente es él es allí donde la forma tradicional está todavía en vigor e irrumpe la seriedad: así, el final del movimiento lento del *Concierto en sol mayor*, el motivo inicial [debajo]del mi ligado.»

Theodor W. Adorno, *Beethoven: Filosofía de la música* [fragmento 350]

La música de Beethoven pertenece a la categoría de lo serio, ya no se está jugando. Esta afirmación de Adorno atrae nuestra atención sobre una de las cuestiones que sin duda será fundamental en el futuro, a la hora de hacer balance de las músicas de nuestro tiempo. ¿Se inscriben estas músicas en la categoría de lo serio o por el contrario están jugando de nuevo? ¿A qué músicas nos referimos?

Para responder a estas cuestiones es preciso, primero, conocer qué se entiende por «música seria» y «música que está jugando». Seguidamente, nos situaremos con las segundas vanguardias entre la seriedad y el juego para terminar, en un tercer momento, instalados en el gran juego de la música actual. En este recorrido, la relación entre la organización temporal, la escucha y el juego se habrá transformado.

Si nos ceñimos al ámbito que Adorno abarca con su ejemplo —la música de Beethoven—, debemos entonces situarnos en la línea que sigue a esta música seria, la que hasta hace unos años era denominada *música contemporánea* o *música culta* y ahora aparece a menudo con el rótulo de *nuevas músicas*. Sin embargo, no es posible ceñirse de un modo estricto, pues el desarrollo de esta música y de las denominadas *músicas populares* se cruza en numerosas ocasiones. Aun con ello, se intentará limitar el recorrido a la música que Adorno señala: la música seria. Pero ¿en qué consiste una música seria? Y, sobre todo, ¿qué significa que la música ya no esté jugando?

Adorno sigue la distinción realizada a mediados del siglo XIX entre, por un lado, la «gran música», a la que se le atribuye la seriedad, el ser una música culta, y, por otro lado, la música popular. Esta distinción atiende a distintos factores, como la profesionalización en la interpretación, los lugares de difusión de la música, las características intrínsecas de la composición musical, o las categorías morales que se derivan. En los fragmentos que dejó para ese libro sobre Beethoven que finalmente no realizó, Adorno se centra en la composición, particularmente en las características temporales de la obra de Beethoven, y las pone en relación con la filosofía, una expresión seria del pensamiento también.

Adorno relaciona la música de Beethoven con Hegel, llegando a afirmar que la música de Beethoven es como la filosofía hegeliana, pero más verdadera.[1] Y es que Adorno comprende la filosofía hegeliana a través de la dialéctica implícita en la música de Beethoven.

Centrándonos en la cuestión temporal tenemos que, si antes de Beethoven la música se limitaba a llenar el tiempo, era un divertimento, con la «gran música» que Beethoven inaugura, el tiempo puede ser diseñado para llevarlo, como la filosofía hegeliana, hasta su plenitud.[2]

Llevar el tiempo a su plenitud hace entrar la música en la categoría de lo serio. Llenar el tiempo, en cambio, es jugar. Pero ¿qué supone llevar el tiempo a su plenitud en la composición musical?

La plenitud del tiempo en música no se circunscribe solamente a la capacidad de la música para crear las grandes formas como la sonata o la sinfonía, sino que supone dar cuenta de la dialéctica entre lo subjetivo encarnado en el compositor y lo objetivo, que corresponde al material musical. En este sentido, Beethoven es un compositor dialéctico. Esto se pone de manifiesto desde sus primeros conciertos, como el *Concierto para piano y orquesta n.º 4 en sol mayor*, op. 58, al que se refería Adorno en el pasaje citado, hasta sus últimas obras, las denominadas *del tercer periodo*, donde aparece una concepción fragmentaria, una discontinuidad en el interior de la continuidad del tiempo musical. En consecuencia, llevar el tiempo a su plenitud es llevarlo a la totalidad, es decir, a mostrar el contenido de verdad de la música. De este modo, el arte transciende la ilusión.[3] Y, con este gesto, Beethoven inicia la Modernidad en música.

La gran música va acompañada de una transformación radical de la escucha, que conduce de la escucha distraída anterior a Beethoven —cuando la música solo llenaba el tiempo— a la escucha atenta, que implica una experiencia interior de la que no puede dar cuenta el lenguaje verbal.[4]

Pero ¿qué queda de este Beethoven y de la categoría de música situados por Adorno en el espíritu de la modernidad?[5]

El desarrollo de la música seria durante el siglo xx y el impacto de las tecnologías de reproducción y difusión de lo sonoro vinieron a empañar toda distinción musical o moral.

Si nos ceñimos a la organización temporal responsable de llevar la música a su seriedad, nos damos cuenta de que, justamente, esa organización será puesta en cuestión: primero, por la constitución de nuevos lenguajes para la composición musical, y segundo, por la atención al espacio de difusión de la obra y a su consideración como parámetro de la composición. En tercer lugar, aún hay que señalar el advenimiento de la posmodernidad.[6] A partir de todo ello, comienza a interrogarse ese vínculo que Hegel y la estética romántica destacaban entre la organización temporal en música y la escucha como interioridad, y se asiste después a la progresiva desarticulación de la exigencia de una escucha atenta.

2. Entre la seriedad y el juego

En la atención a las relaciones entre tiempo y música en los años cincuenta y sesenta del siglo xx, subyace una problemática fundamental: continuar el legado de la música seria o apartarse de él corriendo el riesgo de entrar en la categoría de una música que juega.

Entre los que fueron catalogados como pertenecientes a esta música seria se encuentran Pierre Boulez y Karlheinz Stockhausen, quienes mantendrían todavía una consideración dialéctica del tiempo, una lucha entre lo subjetivo y lo objetivo. En el modo en que abordan la organización temporal ambos compositores, se manifiesta una tensión entre sus propuestas de formas abiertas que dejen entrar la aleatoriedad y, a su vez, la necesidad de controlar esta aleatoriedad. La distinción de Boulez entre un tiempo pulsado o estriado, que serviría de guía al oyente, y un tiempo amorfo o liso que no atiende a la pulsación da cuenta de este compromiso y tensión.[7] Del mismo modo, la noción de *Momentform* en Stockhausen se inscribe en un deseo de comprensión estructural de la obra.[8] En esta concepción, la escucha no se basa en las relaciones entre sonidos, sino en la percepción de momentos de estructura complejos que no responden a una jerarquía. Con estas propuestas, la memoria permanece como fundamental para seguir la obra y alcanzar su comprensión.

Frente a estas posiciones, músicos norteamericanos como John Cage, Christian Wolff, La Monte Young o Morton Feldman se sitúan en una vía que apuesta por una organización temporal que no responda a una dialéctica y que permita desarticular la exigencia de acompasar la música y la memoria. Así, por ejemplo, John Cage propone el abandono de la noción de tiempo musical y afirma que la música se da en una duración que acoge los ruidos, el silencio y los sonidos. Muchas de sus obras pueden desarrollarse en una longitud de tiempo indeterminada en función de las exigencias que cada ocasión requiera.[9] Para Adorno, la postura de aquellos músicos que, como Cage, renuncian a controlar de modo subjetivo la composición supone una «debilidad psicológica»;[10] estos músicos están jugando.

Ciertamente, hacer del tiempo duración implica modificar la escucha y su relación con la memoria, aunque esto no tiene por qué ser comprendido como algo negativo, sino que puede mostrar una liberación, tal y como explica Daniel Charles, quien se refiere a estas músicas como músicas del olvido.[11]

Pero la organización temporal de la música seria no se vio solamente afectada por el desarrollo de la propia música, a ello contribuyeron los medios de grabación y difusión de la música. Este fue otro de los grandes problemas que afrontó Adorno. Desde su división entre música seria y música que juega, cabe entonces formular algunas preguntas:

1. ¿Qué pasa cuando el tiempo que Beethoven llevaba a su culminación forma parte del tiempo de consumo y se confunde con él?
2. ¿Qué sentido tiene entonces seguir planteando la distinción entre música que juega y música seria?
3. ¿Qué organización temporal puede sacar a la composición musical de su inclusión en el tiempo del consumo?

La primera cuestión encuentra su respuesta con el mismo Adorno; la segunda se deducirá de la anterior.

Es sabido que, para Adorno, la escucha de cualquier música en la radio supone la aparición de una escucha regresiva, atomizada. El tiempo del consumo y el de la música se confunden y acabamos escuchando la *Quinta sinfonía* de Beethoven como si fuera un compendio de citas de esa misma sinfonía. El tiempo musical pierde su plenitud y aparece algo así como «un lenguaje infantil» y la música seria se convierte en juego.[12] Se asiste al final de la música seria, tal y como lo expusieron Alessandro Baricco en *L'anima di Hegel e le mucche del Wisconsin* (Milán: Garzanti, 1992) o Benoît Duteurtre en *Requiem pour une avant-garde* (París: Robert Laffont, 1995).

3. En el gran juego
Nos preguntamos aquí si la música que practica lo que denominamos *el gran juego* —que incluye la seriedad y el juego— puede sustraerse a su inclusión en el tiempo del consumo.

3.1. *El juego de las vanguardias*
Si partimos de que la música seria de la segunda mitad del siglo xx ha sido atravesada en buena parte por el anhelo de olvidar y sustraer el

tiempo al control, y que a ello han contribuido los medios de reproducción y difusión de lo musical, entonces ha llegado el momento de pensar positivamente la música que juega. A la gran música le podría seguir, en la actualidad, el gran juego. Con Johan Huizinga, habría que reconocer que el *Homo ludens* tiene su lugar al lado del *Homo faber* y que, en consecuencia, la cultura nace bajo la forma del juego y como juego.[13]

El gran juego se inició en música, primero, convirtiendo al tiempo en duración, sustrayéndole la necesidad de un movimiento dialéctico en el que lo subjetivo y el material musical entablaban una lucha que culminaba en una totalidad cerrada: la obra musical. Eran esas músicas del olvido a las que Daniel Charles hacía referencia.

Después, el gran juego siguió subvirtiendo el uso de los instrumentos musicales y transformando otros objetos en instrumentos para la composición. Como precedente de esta subversión encontramos la *Suite for Toy Piano* que Cage compone en 1948 para *Diversion*, una coreografía de Merce Cunningham. Margaret Leng Tan, especialista en el repertorio para este instrumento, explica que los cinco movimientos que forman la pieza exigen el mismo nivel de esfuerzo y de concentración que cualquier composición escrita para un piano corriente.[14] Adorno habría calificado esta obra como lenguaje infantil, y del mismo modo lo hubiera hecho con la transcripción que Leng Tan hizo de la *Sonata para piano n.º 14 en do sostenido menor*, op. 27 n.º 2, «Claro de luna» de Beethoven. En cuanto al instrumento, solo hace falta recordar que Adorno consideraba infantiles instrumentos como la guitarra, el ukelele, el bajo o el bandoneón al compararlos con el piano. La razón eran las partituras que representaban gráficamente las posiciones de los dedos sobre las cuerdas para interpretar las piezas que estaban de moda. Esto lo llevaba a concluir que estos instrumentos habían sido pensados para los que no tienen educación musical académica.[15]

Se afirma contra Adorno, aquí, que jugar y ocupar el tiempo sin contar no es obligatoriamente un ejercicio orientado a la distracción. Jugar es un modo de ejercer la lógica fuera del ámbito de lo que ha sido concebido como serio, y por eso formó parte de las prácticas de las primeras y las segundas vanguardias. Recuérdese tan solo *Les Sports et Divertissements* de Erik Satie (1914), o el modo en que Joe Jones, artista *fluxus*, se refiere a su música.[16] El juego abre otra forma de pasar el tiempo en música: es otro tiempo que anuncia que la distinción entre escucha atenta y escucha distraída toca a su fin.

3.2. *El juego continúa*

En la actualidad, cuando todavía se pregunta si la posmodernidad sigue vigente o qué queda de los rasgos de la modernidad, es preciso interrogar nuevamente las formas en las que el juego se relaciona con la música. El juego, en la actualidad, no es el que recuperaron las vanguardias o el que ensalzaba Georges Bataille al hilo de Huizinga. El juego se relaciona en estos tiempos con la infancia y aparece, mayormente, bajo la forma de la regresión, haciendo de los objetos de la infancia fetiches y alimentado por una tecnostalgia.[17]

En los últimos veinte años, los guiños a la infancia y al juego forman parte de las obras que se presentan en las salas de concierto. En el ámbito de la ópera, los libretos inspirados en cuentos o en historias de ciencia ficción y de horror se dejan sentir. La compositora coreana Unsuk Chin, junto al dramaturgo David Henry Hwang, adapta la obra de Lewis Carroll para su ópera *Alicia en el país de las maravillas* (2007). El mismo año, el británico Jonathan Dove estrena *The Adventures of Pinocchio* con libreto de Alasdair Middleton. El compositor portugués Emmanuel Nunes se inspira en el cuento fantástico *La serpiente verde* de Goethe para su ópera *Das Märchen* (2008). Y el ruso Dmitri Kourliandski compone *Asteroid 62* (2012-2013) y *Nosferatu* (2014), ambas con libreto de Dimitris Yalamas. El listado podría ampliarse.

La música orquestal no queda exenta de esta presencia del juego y el retorno a la infancia. Kourliandski compone *Emergence Survival Guide* para uno o dos coches y orquesta (2009-2010). Andy Akiho presenta *Ricochet* (2015), un triple concierto para *ping-pong*, percusión, violín y orquesta. La mesa de *ping-pong* se sitúa delante de la orquesta.

En esta misma línea y en el ámbito de la tecnostalgia, encontramos la denominada *micromúsica*, cuya terminología aparece a finales de los años noventa, y que trabaja con consolas y juguetes electrónicos, microordenadores y ordenadores antiguos. En ella se incluyen el *circuit-bending*, cuya terminología es inventada por Reed Ghazala en 1966, y el *chiptune* u 8 bits.[18] Ambos parten de la aleatoriedad, la improvisación, y se integran en la propuesta del *Do It Yourself*. En este sentido, la micromúsica se englobaría en una conciencia ecologista y anticonsumista.[19] A esta clasificación pertenecería la Mikro Orchestra (antes denominada *Gameboyzz Orchestra*) en Polonia; el Sputnik Booster en Alemania; Juan Matos Capote en España, el Pepino Band en España y Japón, o Teamtendo en Francia. Usando juguetes o elementos tecnológicos de la infancia o actuando disfrazados de peluche, como en el caso de Teamtendo, se evidencia que este es ya otro juego.

4. *Game over*

El año 2018, el Royal Albert Hall de Londres acogió el estreno mundial del concierto de videojuegos *PlayStation in Concert*, interpretado por la Royal Philharmonic Orchestra, dirigida por Michael Seal, con las voces del City of London Choir. El concierto incluía música de distintos juegos de la PlayStation original, PS2, PS3 y PS4, orquestados por Jim Fowler.

Pensamos también que la recuperación en los últimos años de un músico como Charlemagne Palestine no es ajena a esta cuestión. En 2018, el Palacio de Bellas Artes de Bruselas le dedicó una exposición que lleva por título: AA SSCHMMETTRROOSSPPECCTIVVE, poniendo de manifiesto, con este título, su alejamiento de la retrospectiva seria al uso. Esta muestra-instalación-*performance* retoma la realizada en 1974 en el mismo lugar, a instancias del dibujante belga Hergé y Karel Geirland, director entonces del Palacio de Bellas Artes. En la exposición se puede ver una gran cantidad de peluches de todos los tamaños, vídeos con sus conciertos, libros-esculturas; su «CharleWorld», como él lo denomina. Pasamos del Pato Donald a Mickey Mouse, a Minnie o a Hello Kitty, y nos adentramos en la selva con los cocodrilos y los elefantes, hasta llegar a los patos, las marionetas o las divinidades chamánicas. Los asistentes a los conciertos de Palestine saben que él siempre va acompañado de peluches y muñecas, que coloca sobre el piano o el órgano y en el escenario, y que no tienen una función decorativa sino ritual. Este ejercicio músico-ritual se inscribe en un tiempo que, como el de Morton Feldman, es un tiempo no estructurado, el tiempo anterior a ser ocupado por la imaginación o el pensamiento.[20]

En las músicas del olvido y en estas músicas del gran juego, el tiempo no llega a su plenitud siguiendo esa dialéctica entre el sujeto y el material sonoro objetivo. Entretanto, los sujetos pasaron por el *pensiero debole*, por la posmodernidad y por el capitalismo integrado que modificó la experiencia de la escucha y de la composición musical. Ahora, tal vez sea este gran juego el que, a pesar de su carácter regresivo, permita tejer otro modo de hacer música. Si esto es así, este gran juego se convertirá entonces en un revelador que indica que otra experiencia del tiempo es necesaria: en la música, en las relaciones con uno mismo y con nuestro entorno, y en la escucha.

Carmen Pardo Salgado
Profesora Titular de la Universidad de Girona. Investigadora post-doctoral en la unidad IRCAM-CNRS de París (1996-1998; 2018). Ha editado y traducido a John Cage, *Escritos al oído* (1999). Autora de *En el silencio de la cultura* (Sexto Piso, 2016/ Eterotopia France, 2018); *La escucha oblicua: una invitación a John Cage* (Sexto Piso, 2014/L'Harmattan, 2007, Coup de cœur 2008 de l'Académie Charles Cross); *Robert Wilson* (con Miguel Morey, Polígrafa, 2003); *Las TIC: una reflexión filosófica* (Laertes, 2009). Comisaria adjunta de la exposición *Encuentros de Pamplona 1972: Fin de fiesta del arte experimental* (MNCARS, 2009-2010).

Narración
(sustantivo, femenino)

Ordenar eventos, hechos, datos para dárselos a conocer a alguien. Es decir, seleccionar elementos de la realidad para que nuestro interlocutor conozca no la realidad, sino nuestra selección.

De-narración
(sustantivo, femenino)

Desordenar eventos, hechos, datos para que alguien ponga en duda todo lo que cree que sabía.
"De-" es un prefijo que en castellano se utiliza como privación: "de-forme", por ejemplo.
Aquí usamos el "de" como "re". Denarrar para impulsar una nueva lectura que, con otros ojos y otros oídos, ponga en duda sus propios fundamentos.

Des-hielo
(sustantivo, masculino)

Diversificación y labilidad de las narrativas congeladas.

Lo que se cuenta en una historia (sus hitos, protagonistas, fechas, etc.) marca aquello que consideramos más importante. Seleccionar una posible narración sobre otra no es una decisión arbitraria, sino cargada de presuposiciones y que muestra un posicionamiento. ¿Es posible una narrativa alternativa de la historia de la música que dé cabida a lo excluido?

12.
EL TIEMPO HACIA AFUERA: CONTAR LA HISTORIA DE LA MÚSICA HOY

Marta García Quiñones

Contar la historia se ha convertido hoy en día en un ejercicio de riesgo en el que el historiador o historiadora, asaltado por incertidumbres, acaba no pocas veces sumido en la melancolía. Por un lado, debe afrontar las dificultades específicas de cualquier investigación histórica, como el acceso a las fuentes, la validez de los testimonios, la selección del material o los criterios para interpretarlo en su contexto. En el caso de la música, estos se complican aún más por su carácter temporal y efímero: a lo largo de la historia, la música se ha representado en partituras, ha tomado cuerpo en interpretaciones, se ha convertido luego en objeto grabado en diversos formatos, y ahora, con los archivos digitales, en objeto desmaterializado. Así pues, ni siquiera está claro cuál es el objeto primario que esta historiadora pretende investigar. Por otro lado, se pregunta si es posible y legítimo contar la historia y cuál sería el sentido de esta narración; una pregunta que tiene que ver con la identificación de la tarea historiográfica con un contar, esto es, con una narración o discurso, y con los problemas de legitimación asociados a ella. En realidad, ningún texto se libra de estas dudas y mucho menos uno tan corto como este, donde seleccionar es imprescindible y cualquier omisión, contraposición y asociación resulta sospechosa por la concentración del relato. La autora, lo reconozco ya en este punto, ha intentado justificar sus elecciones y no hacer violencia a la posición de ningún autor. Pero, inevitablemente, este es solo su relato sobre la historia, uno de los muchos posibles.

***

Cualquier reflexión sobre qué significa contar hoy en día la historia de la música tiene que empezar por preguntarse de qué historia de la música estamos hablando, de qué músicas. Como es bien conocido, la etiqueta «música» engloba una pluralidad de tradiciones y prácticas, pasadas y presentes, cercanas y lejanas, que en mayor medida que en épocas anteriores están hoy más o menos a nuestra disposición, aunque la sensación de poder acceder a cualquier estilo, a cualquier música, en cualquier momento sea engañosa. Reconocer esa pluralidad de tradiciones y prácticas es hoy obligado; frente a ella, la tarea de los historiadores debería consistir en explicar las diferencias en el desarrollo histórico de las músicas dejando a un lado las jerarquías heredadas, que a lo largo de los siglos han justificado que algunas músicas sean más apreciadas y estudiadas, mientras otras se han considerado solo como documentos de realidades sociales. No se trata, no obstante, de una tarea fácil, pues esas jerarquías no son meramente estéticas, sino que están vinculadas estrechamente a una asimetría en la relación del concepto de historia con todas esas tradiciones musicales, como están demostrando las investigaciones recientes de algunos estudiosos.

Según lo que sabemos, en la segunda mitad del siglo XVIII, en Europa, precisamente en el momento en que empezaron a publicarse las primeras historias generales de la música, que hoy en día leemos más bien como crónicas, la historicidad se atribuía solo a la que solemos llamar, con gran imprecisión, *música clásica*, que era la música de las élites europeas. El resto de las músicas de las que entonces se tenía noticia, incluyendo las de los territorios conquistados y colonizados y las músicas populares de tradición oral, que se empezaban a poner en valor, se consideraban músicas «naturales», esto es, músicas sin historia, y en eso consistía su radical diferencia. Matthew Gelbart ha estudiado el nacimiento de las nociones de *folk music* y *art music* en el contexto de la literatura británica de la época sobre música, y ha analizado la encarnación del ideal de naturaleza en las descripciones de música escocesa. Como ha observado, tanto las historias de la música de John Hawkins (1776) y Charles Burney (1776-1789), como la *Allgemeine Geschichte der Musik* de Johann Nikolaus Forkel (1788, 1801) tratan sobre las «raíces primitivas» de la música, que para estos autores se pueden encontrar en la música antigua, la oriental y la de los «salvajes».[1]

A propósito de la literatura sobre música en lengua alemana de la primera mitad del siglo XIX, David Gramit se ha ocupado también de la concepción de la cultura musical europea como el punto álgido de la historia, a la que el conocimiento de las músicas de otros pueblos podía solo aportar detalles sobre las etapas más tempranas. Tanto Gramit como, más adelante, Vanessa Agnew han subrayado el hecho de que la imagen de la música europea se construyó a partir del contraste con y la exclusión de otras músicas, que suponían una amenaza para su presunta superioridad.[2] Estos podrían interpretarse como ejemplos históricos, en otro contexto disciplinar, de la «negación de la contemporaneidad» que Johannes Fabian teorizó en *Time and the Other*, criticando la tendencia de la antropología a situar a los grupos humanos que estudia no solo en otro espacio, sino en otro tiempo, normalmente anterior.[3] Sin embargo, quizás resulta más adecuado describirlos como episodios de un proceso que, entre 1750 y 1850, colocó a la música en el centro de un discurso de separación de la Europa «histórica» de las culturas no europeas, mientras la historiografía y la etnografía emergían juntas, como hermanas gemelas separadas al nacer.[4] Conviene recordarlos aquí para comprender por qué, aún hoy en día, cuando se habla de historia de la música normalmente nos referimos a un cierto universo de músicas, que es el de la música europea «clásica» y, por extensión, la música antigua. Aunque esta visión restringida de la historia musical no ha impedido el trabajo de los historiadores de músicas no europeas ni el desarrollo de investigaciones históricas sobre músicas populares, sí ha dificultado el diálogo entre las distintas disciplinas musicales. Además, algunos conceptos centrales de la historia de la música, como los de obra musical (criticado en profundidad por Lydia Goehr),[5] estilo o música absoluta, muestran claramente sus límites y pueden convertirse en obstáculos insalvables si se intenta aplicarlos a las músicas de otras culturas o a otras maneras de hacer música, lo que prueba que tienen sentido solo en un cierto contexto interpretativo. Pensar la música en términos de «composiciones», entendidas además como obras de arte, ayuda más bien poco a comprender las músicas de muchos otros periodos históricos y tradiciones.[6]

***

La centralidad del concepto de obra de arte en la historia de la música queda perfectamente clara en el texto de Guido Adler sobre el alcance, método y objetivos de la nueva ciencia de la musicología, que en 1885 marca su momento fundacional.[7] El artículo de Adler nos recuerda también que, en su origen, la musicología estaba lejos de concebir la investigación histórica como un «contar»; por el contrario, la representaba más bien como un aprehender y dar fe, ocultando la labor de selección e interpretación que siempre conlleva. Tanto por sus ideas como por su vocabulario, el texto representa una decidida apuesta por el positivismo historiográfico y un intento de colocar la disciplina bajo el paraguas protector de las ciencias naturales, que en aquel momento eran ya reconocidas, sobre todo en el ámbito germánico, como modelos del saber. Dentro de esta lógica, la musicología, y más en concreto la musicología histórica, había de ocuparse de obras musicales; por tanto, de notaciones y partituras, atando de este modo su quehacer a la materialidad de unos documentos que, no obstante, no representan el hecho musical en todas sus dimensiones. Se había de ocupar también de la amplia variedad histórica de las formas musicales que, como señalaba el autor, a menudo se mezclaban y confundían bajo nombres arbitrarios y cambiantes. Por último, debía tratar de las leyes del arte musical de distintos periodos, esto es, de normas latentes que explicarían la evolución de los objetos tonales como una sucesión de estilos musicales. Para Adler, tanto el crecimiento de las obras como la evolución de los estilos se desarrollaban de manera más o menos orgánica, de un modo que compara con el crecimiento celular. Aunque el recurso a las metáforas científicas y la invocación del positivismo respondían en Adler más bien a un afán polémico y legitimador que a una verdadera adhesión a los métodos de las ciencias naturales,[8] lo cierto es que en los orígenes de la musicología se detectan una desconfianza hacia la figura del historiador como intérprete y una falta de reconocimiento del papel del lenguaje en su trabajo.

No puede decirse, sin embargo, que el positivismo más o menos sincero de Adler haya sido una premisa indiscutida en la historiografía de la música. Sin salir del ámbito germánico encontramos, en los años veinte, la contribución de Heinrich Besseler, quien en su ensayo sobre las cuestiones fundamentales sobre la escucha musical (*Grundfragen des musikalischen Hörens*, publicado en 1925) se ocupó de la historicidad de la escucha, introduciendo así un elemento de complejidad en la relación entre el historiador o historiadora y su material.[9] Saltando a décadas más próximas al presente, en el último cuarto del siglo xx encontramos, por ejemplo, las reflexiones historiográficas del historiador y musicólogo alemán Carl Dahlhaus, quien en su libro *Fundamentos de la historia de la música* (publicado en su versión original como *Grundlagen der Musikgeschichte*, en 1977) criticó el uso de Adler de la metáfora del organismo natural para explicar la evolución de las formas musicales, observando que se trataba de una «simple analogía» que ofrecía además una imagen errónea.[10] Desde posiciones cercanas a la hermenéutica, Dahlhaus reivindicó la importancia del acto de comprender y el papel del lenguaje como instancia que premodelaba las categorías de esa comprensión.[11] No obstante, para Dahlhaus cualquier proyecto historiográfico debía basarse en «la actualidad estética de las obras cuyo contexto histórico describe», por lo que consideraba problemático el concepto de estilo que, como instancia mediadora entre la historicidad y el carácter artístico de la obra, amenazaba con convertirla en mero documento histórico.[12] Por otro lado, en el mismo libro reconocía también que «la historia de la música es una descripción de la formación de medios con los cuales la música justifica su autonomía, es decir, su pretensión de ser escuchada por sí misma», ofreciendo así una definición que se sitúa ya fuera del marco conceptual de la estética musical, entendido como condicionante del quehacer del historiador.[13]

Un poco más tarde, en la década de los ochenta, los exponentes de la llamada «nueva musicología» (*New Musicology*) norteamericana, entre los que se cuentan Joseph Kerman, Lawrence Kramer, Susan McClary o Leo Treitler, entre otros, abogaron por una historia de la música más abierta a otros repertorios e influencias disciplinares, y más próxima también a la crítica. Según cuenta Kerman en *Contemplating Music*, el libro que en 1986 se constituyó en manifiesto de la nueva generación de musicólogos, su iniciativa era tanto una respuesta a la efervescencia de la escena de la música contemporánea en décadas anteriores, como un ataque contra el enfoque positivista que seguía condicionando la evolución de la disciplina.[14] Su publicación coincidió también en el tiempo con la emergencia del pensamiento posmoderno y el giro lingüístico, que en el campo historiográfico puso de relieve la asociación de historia y discurso, y de historia y texto, reivindicándola y problematizándola a la vez.[15] En el caso de la historia de la música, el debate historiográfico que se generó no fue más intenso que en otras disciplinas, pero sí tuvo resonancias particulares por las dificultades que ha planteado y plantea la relación entre lenguaje y música, y por el encaje tradicionalmente complicado de la experiencia estética de la obra en la investigación histórica.

Así, los estudiosos de la «nueva musicología» pusieron el acento precisamente en la tarea de «contar» la historia de la música, esto es, en su dimensión lingüística, renunciando a las grandes narrativas de progreso que, como en otros ámbitos, habían predominado hasta entonces, para subrayar en cambio la importancia de la imaginación del historiador.[16] Como ha afirmado Kramer, ni los contextos ni los discursos a propósito de la música pueden considerarse extrínsecos a ella, pues se trata de dos aspectos inseparables de la propia música. Reconociendo la ambigüedad de la música como lenguaje, su capacidad para expresar a la vez algo más y algo menos de lo que el lenguaje hablado puede significar, Kramer propone en cambio aprovechar la brecha que se abre entre lenguaje musical y significado para legitimar el tipo de comentarios intensamente subjetivos que la supuesta positividad de la historiografía había aconsejado dejar a un lado.[17] Su objetivo es, en principio, utilizar esa subjetividad como puerta de entrada a la dimensión cultural de las obras musicales. Sin embargo, es difícil no estar de acuerdo con las críticas formuladas, por ejemplo, por Tomlinson, en el sentido de que Kramer acaba siempre encontrando el contexto en las obras mismas, y acaba también por identificar sus propias impresiones personales con el significado de la obra.[18] Pese a que las objeciones de Tomlinson se refieren solo a Kramer, son un ejemplo del tipo de reproches que han recibido también otros autores de la «nueva musicología».

***

Las reflexiones historiográficas de Dahlhaus, a las que nos referíamos anteriormente, pueden leerse como una respuesta velada a las posiciones de la historia social contemporánea, y en concreto al trabajo de Georg Knepler, que en el mismo periodo desarrolló sus investigaciones musicológicas en la Alemania oriental, dentro de un marco teórico marxista. En contraste con Dahlhaus, Knepler concebía la música como un sistema de comunicación que debía ser interpretado tomando en cuenta el contexto social, económico y político. Por lo tanto, entendía la historia de la música como una actividad de investigación que, sin negar la realidad de la experiencia estética, debía integrar lo que, desde la perspectiva de Dahlhaus y otros, se consideraba elementos «extramusicales».[19] Aunque la aplicación de las ideas de Knepler a la tarea historiográfica no estuviera exenta de dificultades, su aproximación parece mucho más cercana a la idea de música como actividad, como práctica.

Como quizás el lector o lectora habrá notado, la palabra *práctica* aparece más de una vez en este texto: es un término que tiene un peso particular dentro de la teoría social y antropológica contemporánea, pero que puede entenderse también simplemente como un «hacer».[20] Por lo que respecta al «hacer música», la mejor explicación es, sin duda, la que ofreció Christopher Small en su libro *Musicking*, publicado en 1998, donde observó que no deberíamos hablar de *música* sino de *musicar* (*musicking*), entendiendo con ello cualquier tipo de participación en un evento musical, desde la composición a la interpretación, la escucha o la danza, e integrando así tanto los aspectos intelectuales de la experiencia musical como los corporales.[21] Contribuciones como las de Knepler y Small nos permiten imaginar una historia de la música (y una musicología) que hasta ahora no se ha materializado; esto es, una musicología que haga posible una comprensión del hecho musical como forma de la interrelación humana y social.[22]

***

Frente a los modelos ofrecidos por la historia de la música (clásica y antigua), desde los años setenta, los estudiosos de músicas populares urbanas han emprendido investigaciones históricas más cercanas a la historia social y los estudios culturales, aunque en contraste con la exuberancia teórica de la «nueva musicología», no se han prodigado en reflexiones y teorías historiográficas. En las primeras décadas de desarrollo de la disciplina, algunos estudiosos se apoyaron en autores y conceptos totalmente ajenos (hasta entonces) a la historiografía musical, como Antonio Gramsci y su teoría de la hegemonía cultural, e interpretaron la producción musical como un aspecto de los significados generados por una cierta subcultura, aunque a menudo faltara una explicación de por qué precisamente esa música, en ese contexto.[23] Quizá por influencia de la investigación etnográfica, muchos estudios sobre determinados géneros y estilos populares no dan mucho espacio o directamente ignoran el componente temporal, presentándose como análisis de las prácticas de una cierta comunidad musical, ya sea localizada o virtual.[24] En este principio de siglo, la gran difusión del concepto de «escena» (*scene* o *cultural scene*), adoptado por estudiosos como Barry Shank y Will Straw, resulta muy significativa: por su clara genealogía periodística, su flexibilidad de uso y capacidad para dar cabida en el relato a elementos más allá de lo estrictamente musical (productores y consumidores, localizaciones, instrumentos de promoción y difusión, etc.), pero también por las dificultades que plantea para hacer avanzar la narración más allá de un determinado momento histórico y lugar (¿Cuándo empieza y termina una escena? ¿Cómo se transforma?).[25] Frente a estas dificultades, investigaciones como las de Derek Scott en *Sounds of the Metropolis*, precisamente sobre el surgimiento en el siglo XIX del tercer tipo de música (la de entretenimiento o comercial, distinta de la música clásica y de las músicas populares de tradición oral), se pueden considerar modelos de una manera de contar la historia que tiene en cuenta numerosos elementos de la historia social y cultural, pero que es capaz también de articularlos con consideraciones sobre el estilo musical.[26]

***

Más allá de los desafíos metodológicos que se plantean a las disciplinas históricas en su conjunto, como la posibilidad de estudiar grandes corpus de información digitalizada con herramientas computacionales, la historia de la música se enfrenta a la necesidad de afinar sus herramientas conceptuales, definiendo conceptos que sirvan a sus propósitos de investigación. Por ejemplo, el historiador o historiadora debería poder examinar el desarrollo de la noción de «música absoluta» sin tener que emplear necesariamente el vocabulario ideológico que la define; o hablar de la evolución de determinados estilos de *rock* sin adoptar de manera acrítica los términos del periodismo musical. Además, no es difícil prever que, en un futuro inmediato, aumentará la variedad de materiales que la historia de la música va a seguir incorporando a sus relatos, más allá del típico contexto social, político y cultural, abarcando la historia de la tecnología, la ciencia o las artes visuales. Contar la historia de la música será, quizá, cada vez menos, una tarea solo de la musicología.

Marta G. Quiñones

Doctora por la Universidad de Barcelona, investiga los discursos disciplinares sobre el sonido, la escucha y la música. Ha editado *La música que no se escucha* (Orquestra del Caos, 2008) y, con Anahid Kassabian y Elena Boschi: *Ubiquitous Musics* (Routledge, 2013). Como miembro de la red "Sound in Media Culture" (2010-2013) participó en *Sound as Popular Culture* (MIT Press, 2016), editado por Jens Papenburg y Holger Schulze. Ha publicado también capítulos en Making Music, Making Society (Cambridge Scholars, 2018), editado por Josep Martí y Sara Revilla, y *The Routledge Companion to Music, Mind and Wellbeing* (2018), editado por Penelope Gouk, James Kennaway, Jacomien Prins y Wiebke Thormählen.

TIMELINE

— P2P a partir del lanzamiento de Napster (de 1999 a 2003)

- Napster (1999)
  KaZaA (2001)
- BitTorrent (2001)
- iPod (2001)
- Myspace (2003)

— iTunes y los reproductores MP3 (de 2003 a 2008)

- Facebook (2004)
- YouTube (2005)
- Twitter (2006)
- Bandcamp (2007)
- Soundcloud (2007)
- Mixcloud (2008)

— Streaming (desde 2008 hasta la actualidad)

- Instagram (2010)
- Spotify (2008)
- TikTok (2016)

TIK TOK

Al principio fue el verbo: escribíamos en Facebook. Luego nos limitaron los caracteres en twitter. En Instagram nos limitaron a los hashtags. También, es verdad, hicimos *stories*. Muchas. Son vídeos sobre lo *cool* que es nuestra vida que desaparecen a las 24 horas. Por si acaso. Para no dejar rastro (salvo para los algoritmos, que saben más que nosotros). En Tik Tok sobre todo se baila. 500 millones de usuarios bailando. Una especie de *rave* virtual. Pero sin lugar. Ni gente.

En ninguna de las redes sociales se pueden subir solo audios.

ADIÓS A LO HORIZONTAL

¿Quién en su sano juicio va hoy en día a un concierto solo a escuchar la música? Salvo en los conciertos de música "clásica", donde sacar un móvil es signo de desubicación, locura o mala educación (o todo a la vez), no hay concierto que se precie que no esté lleno de lucecitas de pantallas de *smartphones* captando esto o aquello. La instagramización de los eventos hace que se grabe en vertical. Samsung se dio cuenta de ello (¡menos mal!) y ha construido el primer escenario en vertical, para que podamos ser rigurosos y estéticos en nuestras redes. No vaya a ser que nuestros *followers* no entiendan bien lo único y especial de lo que estamos viviendo. Que para eso lo compartimos, ¿no?

EL AMOR EN TIEMPOS DE SPOTIFY

Quizá con el *revival* de lo *vintage* volveremos a enviarnos cartas, si es que para entonces no han desaparecido todos los árboles. Pero mientras esperamos a que cuaje o a que se acaben los árboles, la gente se sigue queriendo y declarando. Como escribir canciones de amor ya está demodé en estos tiempos de poliamor y anarquía relacional, todavía podemos hacer un mix: una carta de amor con canciones. La lista de Spotify donde Dj Eme colocó las canciones ordenadas para que sirvieran de expresión de sus sentimientos se llamaba, *como no podía ser de otra manera*, "CRUSH". Por cierto: ¡funcionó!

WALKMAN

Sony ha lanzado un homenaje de su primer walkman (NW-A100TPS) con motivo del 40 aniversario del dispositivo. Si hubiese salido hoy en día se habría podido llamar:
- walkwoman
- walknonbinary
- transwalkman
- transwalkwoman
- notwalkingisalsofine
- dontwalkifyoucantoryoudontwanttowalk
- towalkisbioecothereforeyoushouldwalkbetterifyoulistentosomethingatthesametime

Internet

Digitalización

Globalización

Liberación social

(LGTBQIA+)

Neo-liberalismo

Ecología

Colonización, Empoderamiento, Vocalidad, Geocultural, Resiliencia, Game, Apropiacionismo, Liminalidad, Game, Postglobalización, Periurbano, Colonización, Contrapúblico, Sónico, Postmodernismo, Geocultural, Desidentificación, Empoderamiento, Postideológico, Conectividad, Postdigital, Apropiacionismo, Apropiacionismo, Periurbano, Vibración, Postdigital, Corporalización, Auralidad, Vibración, Postmodernismo, Corporalización, Postdigital, Resiliencia, Transformación, Reset, Conectividad, Liminalidad, Auralidad, So, over, Postglobalización, Game, Denarración, Geofilosofía, Postideológico, Reset, Contrapúblico, Tecnocuerpo, Sonificación, Vértigo, Datificación, Transformación, Reset, Postmodernismo, Postglobalización, Geocultural, Desidentificación, Vocalidad, Auralidad, Denarración, over, Colonización, Geofilosofía, Sónico, Vértigo, Tecnocuerpo, Datificación, Conectividad, Periurbano, Sónico, Resiliencia, Desidentificación, Soundtrackización, Geofilosofía, Postideológico, Contrapúblico, Sonificación, Soundtrackización, over, Liminalidad, Denarración, Empoderamiento, Corporalización, Datificación

NOTAS

CAPÍTULO 1

1. IFPI, "Connecting with music: Music Consumer Insight Report 2017", https://www.ifpi.org/downloads/Music-Consumer-Insight-Report-2017.pdf (consultado el 16 de abril de 2019).

2. Casey O'Callaghan, *Sounds: A Philosophical Theory* (Nueva York: Oxford University Press, 2010).

3. Francisco Javier Panera, "¿Pantallocracia o fascismo de la imagen? (Nuevos regímenes audiovisuales en la era de la circulación promiscua de la información)", https://www.academia.edu/5868806/Pantallocracia_maqueta_art_es_febrero_2012 (descargado el 16 de abril de 2019).

4. Guy Debord, *La sociedad del espectáculo* (Valencia: Pre-textos, 2000).

5. Hartmut Rosa, *Alienación y aceleración: Hacia una teoría crítica de la temporalidad en la modernidad tardía* (Buenos Aires: Katz, 2016).

6. Óscar Escudero, "Listen with Headphones, Please", *Sul Ponticello* 36 (marzo 2017), http://www.sulponticello.com/listen-with-headphones-please... (consultado el 16 de abril de 2019).

7. *Gran diccionario de la lengua española Larousse*, ed. 2016, s.v. "icono".

8. "La obra de arte reproducida se convierte, cada vez más, en la reproducción de una obra artística concebida para ser reproducida", es la cita original en: Walter Benjamin, "La obra de arte en la época de su reproductibilidad técnica", en *Iluminaciones* (Barcelona: Taurus, 2018), 202.

9. Marc Augé, *Los no-lugares: Espacios de anonimato; Una antropología de la sobremodernidad* (Barcelona: Gedisa, 2017).

10. Brandon Labelle, *Sonic Agency: Sound and Emergent Forms of Resistance* (Londres: Goldsmiths Press, 2018), 33, trad. del autor. Texto original: "Might we consider the acousmatic as the basis for a type of ethics, and even politics, one that may engage a condition I would characterize as being *beyond the face?*"

11. Luigi Russolo, "L'Arte dei rumori", carta a Balilla Pratella, 11 de marzo de 1913. Citado de Luigi Russolo, *The Art of Noise* (Nueva York: Something Else Press, 1967), 5.

12. Harry Lehmann, *Gehaltsästhetik: Eine Kunstphilosophie* (Paderborn: Wilhelm Fink, 2016).

13. Johannes Kreidler, "The Wires", http://www.kreidler-net.de/werke/wires.htm (consultado el 16 de abril de 2019).

14. Benjamin, "La obra de arte", 203.

15. Seth Kim-Cohen, *In the Blink of an Ear: Towards a Non-Cochlear Sonic Art* (Nueva York: Bloomsbury, 2009), xvi.

16. Jessie Marino, "Ritual I", http://www.jessiemarino.com/RitualOneVideo.html (consultado el 16 de abril de 2019).

17. Alberto Bernal, "Sound Statements", http://albertobernal.net/es/sound-statements (consultado el 16 de abril de 2019).

18. Artur Vidal, "Friendly Algorithms", http://www.arturvidal.com/friendly-algorithms (descargado el 16 de abril de 2019), 24.

19. Erika Fischer-Lichte, *Ästhetik des Performativen* (Frankfurt: Suhrkamp, 2004), 22.

20. Cfr. Kim Cohen, *In the Blink of an Ear*, 23-29.

21. Señalamos aquí la especial importancia atribuida a la presencia en el arte de la *performance* por dos de sus principales protagonistas: Esther Ferrer, para quien la presencia constituiría lo fundamental de la *performance* y, Marina Abramović, cuya obra "The artist is present" es una excelente muestra de ello.

CAPÍTULO 2

1. Cfr. Will Lynch, "Tbilisi and the Politics of Raving", *Resident Advisor*, 15 de agosto de 2016, https://www.residentadvisor.net/features/2666 (consultado el 16 de abril de 2019) y "Tbilisi Club Community Stages Protest Rave at Parliament of Georgia", *Resident Advisor*, 12 de mayo de 2018, https://www.residentadvisor.net/news/41732 (consultado el 16 de abril de 2019).

2. Cfr. Gillian Moore,*The Rite of Spring: The Music of Modernity* (Londres: Head of Zeus, 2019).

3. Tim Rutherford-Johnson, *Music After the Fall: Modern Composition and Culture Since 1989* (Oakland: University of California Press, 2017).

4. Ewan Pearson, "Postales desde el no lugar: sueños utópicos en la música de baile", Epílogo de *Loops 2: Una historia de la música electrónica en el siglo xxi*, Javier Blánquez (Barcelona: Reservoir Books, 2018), 617-629.

5. Andrew Durbin, *MacArthur Park* (Barcelona: Alpha Decay, 2018), 229.

6. Ibíd., 229-230.

CAPÍTULO 3

1. http://everynoise.com (consultado el 27 de junio de 2019).

2. Hago esta aclaración porque lo que hoy denominamos arte sonoro puede encuadrarse como un arte de *performance*.

3. Paul B. Preciado, "Queer: Historia de una palabra", *Parole de Queer* (blog), http://paroledequeer.blogspot.com/2012/04/queer-historia-de-una-palabra-por.html (consultado el 14 de junio de 2019).

4. De hecho, identificación, identidad e ideología tienen la misma raíz etimológica.

5. José Esteban Muñoz, *Disidentifications: Queers of Color and the Performance of Politics* (Minneapolis: University of Minnesota Press, 1999), 25.

6. La primera versión fue la protagonizada por Janet Gaynor en 1937.

7. Richard Dyer, *Heavenly Bodies: Film Stars and Society* (Londres: British Film Institute Publishing, 1986), 143.

8. Citado en Dyer, *Heavenly Bodies*, 147.

9. Richard Dyer, *Stars* (Londres: British Film Institute Publishing, 1990), 8.

10. Jane C. Desmond, "Embodying Difference: Issues in Dance and Cultural Studies", en *Everynight Life: Culture and Dance in Latin/o America*, ed. Celeste Fraser Delgado y José Esteban Muñoz (Durham: Duke University Press, 2004), 33-64.

11. Michael Warner, *Publics and Counterpublics* (Nueva York: Zone Books, 2002), 65-124.

12. https://www.m21radio.es/programas/psicoderivas (consultado el 3 de junio de 2019).

13. Sarah Thornton, *Club cultures: Music, Media and Subcultural Capital* (Cambridge: Polity Press, 1995), 30.

14. Simon Reynolds, Energy Flash: *Un viaje a través de la música* rave *y la cultura de baile* (Barcelona: Contra, 2014), 37.

15. La partícula cis- visibiliza el privilegio de aquellas personas que se identifican con el sexo y el género que se les fue asignado en el momento de nacimiento.

16. Fred Moten, *In the Break: The Aesthetics of the Black Radical Tradition* (Minneapolis: University of Minnesota Press, 2003), 13-16.

17. Monique Wittig, *El pensamiento heterosexual y otros ensayos* (Barcelona: Egales, 2010), 33-46.

CAPÍTULO 4

1. Pierre Schaeffer, *Tratado de los objetos musicales* (Madrid: Alianza, 1988), 48.

2. Sin tener que apelar al *"esse est percipi"* propio del idealismo subjetivo de George Berkeley... o al budismo Yogācāra —cuyas doctrinas también reducen el mundo de la experiencia a una corriente de percepciones individuales—. Recordemos, con esta alusión al budismo, que Cage también se preguntó: "¿Qué es más musical, un camión que pasa por delante de una fábrica o un camión que pasa por delante de una escuela de música?" [John Cage, "Composición como proceso", en *Silencio* (Madrid: Árdora, 2002), 41].

3. Schaeffer, *Tratado*, 48.

4. Carta de Erik Satie a Jean Cocteau del 1 de marzo de 1920, en Erik Satie, *Correspondance presque complète*, ed. Ornella Volta (París: Fayard, 2000), 396–397, trad. del autor.

5. David Toop, *Ocean of Sound: Aether Talk, Ambient Sound and Imaginary Worlds* (Londres: Serpent's Tail, 1995), 197. Unas páginas después Toop se refiere a la labor del francés como compositor de música aplicada a la imagen: "Satie recurrió a la repetición de fragmentos melódicos breves y neutrales para la banda sonora del cortometraje *Entr'acte*, realizado por René Clair en 1924. Células de material repetitivo discontinuas y machaconas que no van a ningún sitio antes de dar paso al siguiente tema, y que prefiguran claramente la corriente minimalista representada por Steve Reich, Philip Glass y Michael Nyman" (ibíd., 199). Recuérdese también que las dos primeras obras (*It's Gonna Rain* y *Come Out*) del iniciador de esa corriente, Steve Reich, en las cuales ya aparecen los mismos mecanismos repetitivos —y un concepto

de temporalidad de vocación infinita— que ha seguido desarrollando a lo largo de su carrera, no hubiesen sido posibles sin la existencia de los medios fonográficos.

6. Schaeffer, *Tratado*, 48-49.

7. El concepto amplio de fonografía aquí manejado se corresponde con el que Douglas Kahn propone cuando escribe: "Por *fonografía*, en este contexto, me refiero al fonógrafo como instrumento tecnológico para la grabación y reproducción del sonido (incluyendo también las prácticas fonoautográficas y de visualización sonora que precedieron o se desarrollaron en paralelo a las invenciones de Charles Cros y Thomas Alva Edison, así como los desarrollos de este último relacionados con el sonido óptico para cine, etcétera) y también a la fonografía como un emblema del cambio dramático en las ideas sobre el sonido, la auralidad y la realidad que se produjo en aquel tiempo" [Douglas Kahn, *Noise Water Meat: A History of Sound in the Arts* (Cambridge, MA: MIT Press, 1999), 70]. Véase también, en este sentido, Jonathan Sterne, *The Audible Past: Cultural Origins of Sound Reproduction* (Durham: Duke University Press, 2003), o el análisis de estos dos textos como base metodológica en Miguel Álvarez-Fernández, "La voz límite. Una aproximación estética a la vocalidad teratológica desde el arte sonoro", tesis de doctorado, Universidad de Oviedo, 2015 (disponible gratuitamente en Internet).

8. Y que brillantemente ha continuado desarrollando, por ejemplo, Michel Chion. Cfr. *El arte de los sonidos fijados* (Cuenca: Ediciones de la UCLM, 2002) o *La audiovisión: Introducción a un análisis conjunto de la imagen y el sonido* (Barcelona: Paidós, 1993).

9. Martin Jay, *Ojos abatidos: La denigración de la visión en el pensamiento francés del siglo xx* (Madrid: Akal, 2007).

10. Ibíd., 20.

11. Ibíd., 20. En otro pasaje del libro (ibíd., 201), Jay abunda en esta idea: "La filosofía alemana, incluso desde la Reforma, parece haber estado menos firmemente inclinada hacia la visión que la francesa. En general, los pensadores alemanes se han inclinado a privilegiar la experiencia auditiva sobre la visual [en la edición citada aparece aquí, por error, la palabra 'sonora' en lugar de 'visual'] como lo indica su tendencia a abordar en su obra la poesía o la música antes que la pintura. Schopenhauer, Nietzsche y Adorno son tres ejemplos sobresalientes de filósofos alemanes que escucharon en la música la forma artística por antonomasia, bien porque buscaba expresar la voluntad de forma más directa que la pintura, bien porque su carácter no representacional la preservaba de una mimesis demasiado naturalista del mundo dado". Si incluimos a Freud en esta tradición, Jay también tiene palabras similares para él: "Al cabo, su pensamiento se alejaba lo suficiente de las ideas del *visuel* Charcot como para que pensadores franceses posteriores encontraran en él a un aliado para su crítica de la hegemonía de lo visual. Es evidente que el énfasis de Freud en la interpretación de fenómenos reproducibles verbalmente, como los sueños o los deslices del habla, se oponía a la simple observación de la fisionomía o de los síntomas histéricos, y que eso implicaba que la escucha era más importante que la visión" (ibíd., 255).

12. Cfr. Carmen Pardo, "Vibraciones del pensar", en *María Zambrano, 1904-1991: De la razón cívica a la razón poética*, coord. por Jesús Moreno Sanz (Madrid: Residencia de Estudiantes, 2004).

13. Pierre Boulez, "Quelques souvenirs", *Critique* 471-472 (1986): 747.

14. Como, por ejemplo, François Cusset, *French Theory: Foucault, Derrida, Deleuze & Cía. y las mutaciones de la vida intelectual en Estados Unidos* (Barcelona: Melusina, 2005), especialmente 78 y 239, o Tamara Chaplin, *Turning On the Mind: French Philosophers on Television* (Chicago: Chicago University Press, 2007), este libro contiene una pertinente crítica al de Martin Jay, por desdeñar completamente en su estudio el medio televisivo, cfr. 242.

15. Jay, *Ojos abatidos*, 367. Jay cita la fundamental obra de Michel Chion, *La voz en el cine* (Madrid: Cátedra, 2004).

16. Si bien el filósofo alude a compositores como Messiaen, Debussy, Wagner, Boulez, Liszt, Mahler, Berg, Verdi, Stockhausen, Berio, Berlioz, Músorgski, Bartók, Varèse, Cage, La Monte Young, Mozart, Schumann, Beethoven, Schönberg, Chabrier y Bizet en Gilles Deleuze y Félix Guattari, "Del ritornelo", en *Mil mesetas: Capitalismo y esquizofrenia* (Valencia: Pre-Textos, 2010), 317-358. También cabe recordar aquí otro importante texto sobre música de Gilles Deleuze, "Hacer audibles fuerzas que en sí mismas no lo son", en *Dos regímenes de locos* (Valencia: Pre-Textos, 2007), 149-152 (estas páginas recogen la intervención de Deleuze en el seminario que, con el mismo título, organizó el IRCAM en febrero de 1978, reuniendo también a Barthes, Foucault, Berio y Boulez). Un tercer ejemplo de escritos directamente vinculados a la música, en el sentido más convencional de la palabra, es Gilles Deleuze, "Ocupar sin contar: Boulez, Proust y el tiempo", en *Dos regímenes de locos*, 263-268.

17. Gilles Deleuze, *La imagen-tiempo: Estudios sobre cine 2* (Barcelona: Paidós, 1987), 258-259.

18. Deleuze – Guattari, "Del ritornelo", 351: "El problema, más modesto, sería comparar las potencias o coeficientes de desterritorialización de las componentes sonoras y de las componentes visuales. Diríase que el sonido, al desterritorializarse, se afina cada vez más, se especifica y deviene autónomo. El color, por el contrario, se adhiere más, no forzosamente al objeto, sino a la territorialidad. Cuando se desterritorializa tiende a disolverse, a dejarse dirigir por otras componentes. Se ve perfectamente en los fenómenos de sinestesia, que no se reducen a una simple correspondencia color-sonido, sino que en ellos los sonidos tienen un papel-piloto o inducen colores que se *superponen* a los colores que se ven, comunicándoles un ritmo y un movimiento propiamente sonoros".

19. Deleuze, *La imagen-tiempo*, 251.

20. Ibíd., 259. En una nota al pie, Deleuze recoge una pregunta que concierne simultáneamente a las relaciones cuerpo-sonido y gesto musical-actitud del cuerpo (duda que, de alguna manera, sintetiza la temática principal de todas estas páginas): "«¿Cómo hacer que exista la relación entre los punteados de los violines y los de los cuerpos que se abrazan, entre el redondeo del movimiento del arco que ataca a la cuerda y el brazo que enlaza un cuello?»"

21. Ibíd., 312.

22. Algunos compositores y teóricos franceses —cada día más irrelevantes— han ridiculizado la irrupción, en el dominio de la música (y a partir de los años sesenta del pasado siglo), de elementos procedentes de la *performance*, considerándolos "tentativas efímeras para abolir el sentido e instaurar en

su lugar una teatralización embrionaria y festiva hecha de gestos a la vez inoperantes y gratuitos". Hugues Dufourt, *Musique, pouvoir, écriture* (París: Christian Bourgois, 1991), 314. Los espectralistas añadieron al culto a la partitura —heredado de esa generación anterior ante la que pretendían rebelarse— la adoración al espectrograma (otro paupérrimo dispositivo visual).

23. Martin Jay, *Ojos abatidos*, 58–59: "[...] La extensión de la imprenta a otros fenómenos sonoros más evidentes como las partituras musicales implicó que la audición fuese también favorecida por su propagación. No obstante, aunque sería erróneo conceptualizar su impacto en términos de un juego de suma cero, donde el auge de la vista conduciría necesariamente a la degradación del resto de sentidos, parece justo concluir que la invención de la imprenta ayudó a la primacía de lo visual".

CAPÍTULO 5

1. Robert Musil, *El hombre sin atributos,* trad. de José M. Sáenz (Barcelona: Seix Barral, 1969), 7.

2. "Sobre *El hombre sin atributos*" (Roberto Musil entrevistado por Oskar Maurus Fontana en 1926), en http://www.guiacultural.com/guia_tematica/letras/robert_musil.htm (consultado el 15 de junio de 2019).

3. José Ortega y Gasset, "Meditación de la técnica", en *Obras Completas 1926-1932,* obra póstuma, vol. 8 (Madrid: Taurus, 2008), 575.

4. Alguna reflexión merecería el hecho de que, por lo menos en el habla, las emisoras de radio españolas cuentan con *oyentes*, mientras que, en el mundo anglosajón, esas mismas personas son consideradas "*listeners*", es decir, *escuchadores*.

5. Roger Sessions, *The Musical Experience of Composer, Performer, Listener* (Princeton: Princeton University Press, 1950), 4, trad. del autor.

6. Íbid., 4.

7. Simon Emmerson,"'Losing Touch?': The Human Performer and Electronics", en *Music, Electronic Media and Culture,* ed. por Simon Emerson (Aldershot: Ashgate, 2000), 197-198, trad. del autor.

8. Chris Cutler, "Plunderphonics", en *Music, Electronic Media and Culture,* ed. por Simon Emerson (Aldershot: Ashgate, 2000), 98, trad. del autor.

9. Sessions, *The Musical Experience,* 4, trad. del autor.

10. Oscar Wilde, "The Philosophy of Dress", *The New York Tribune,* 19 de abril de 1885, trad. del autor.

11. Per Aage Brandt, "¿Qué es la música?", *Doce Notas Preliminares* 10 (2002): 119-127.

12. Rudolf Arnheim, *Radio* (Londres: Faber & Faber, 1936), 226.

13. Fredric Jameson, *Teoría de la postmodernidad* (Madrid: Editorial Trotta, 1996), 199.

14. Hans Ulrich Obrist, "François Bayle", en *A Brief History of New Music,* ed. por Lionel Bovier (Zúrich: Ringier, 2013), 99-100.

15. R. Murray Schaefer, *Our Sonic Environment and The Soundscape: The Tuning of the World* (Rochester: Destiny Books, 1977), 89-90.

16. Walter J. Ong, *Oralidad y Escritura: Tecnologías de la palabra* (México: Fondo de cultura económica, 1987).

17. Incluso el vocabulario empleado en esta definición es ilustrativo. Donde un lenguaje simbólico como la notación habla de *nota* (do, re, mi.), *valor* (corchea, negra, blanca) o *dinámica* (piano, mezzo piano, forte), todos los cuales son relativos, la grabación digital reconoce realidades acústicas precisas como frecuencia, duración o amplitud.

18. Se trata de laboratorios en los que se ha creado buena parte de las obras canónicas de la música electroacústica, las cuales datan de una época en que semejante creación requería un equipo complejo, caro, grande y necesitaba de constante mantenimiento, prácticamente inalcanzable fuera de los presupuestos de instituciones como las radios nacionales o las grandes universidades.

19. Simon Waters, "Beyond the Acousmatic: Hybrid Tendencies in Electroacoustic Music", en *Music, Electronic Media and Culture*, ed. por Simon Emerson (Aldershot: Ashgate, 2000), 58.

20. Desde finales del siglo XVII, el *Salon de Paris* exponía regularmente los cuadros nuevos elegidos por un jurado oficial. Las obras rechazadas (notablemente en 1863, piezas consideradas hoy en día como obras maestras del impresionismo) eran expuestas en lo que llegó a conocerse como *Salon des refusés* ("salón de rechazados").

CAPÍTULO 6

1. *El artista eres tú*, página web de la editorial Paidós como complemento del libro de Keri Smith, *Destroza este diario*: http://www.elartistaerestu.com/inicio.php (consultado el 9 de mayo de 2019).

2. José Luis Pardo, "La transgresión como norma: La ambigua herencia de las vanguardias", en el ciclo de conferencias: *La norma del arte contemporáneo: El perfil estético de lo posmoderno* (Madrid: Reina Sofía, 2019).

3. David Pogue y Scott Speck, *Música Clásica Para Dummies* (Barcelona: Planeta, 2017).

4. James Rhodes, *Toca el piano: Interpreta a Bach en seis semanas* (Barcelona: Blackie Books, 2017).

5. Hervé Tullet, *¡Oh! un libro con sonidos* (Madrid: Kókinos, 2018).

6. Silvia M. Carabetta, *Ruidos en la educación musical* (Buenos Aires: Maipue, 2014).

7. Roberto Aparici y David García Marín, "La otra educación: Transformación y cambio para la sociedad informacional", en *La otra educación: Pedagogías críticas para el siglo XXI*, ed. Roberto Aparici, Carlos Escaño y David García Marín (Madrid: Editorial UNED, 2018), 25.

8. Carabetta, *Ruidos en la educación musical*, 23.

9. Ibíd., 43.

10. Ibíd., 48.

11. Favio Shifres, "Revisando algunas categorías para pensar la música: Contra el desperdicio de nuestra experiencia musical", *Percepta* 4, n.º 2 (2017): 27.

CAPÍTULO 7

1. Nikos Papastergiadis, "Collaboration in Art and Society: A Global Pursuit of Democratic Dialogue", en *Globalization and Contemporary Art*, ed. Jonathan Harris (Oxford: Wiley-Blackwell, 2011), 275.

2. Carlos Basualdo y Reinaldo Laddaga, "Experimental Communities", en *Communities of Sense – Rethinking Aesthetics and Politics*, ed. Beth Hinderliter *et al.* (Durham: Duke University Press, 2009), 197-214.

3. Julian Cowley, "Listening as Territory: Mark Peter Wright", *musicworks* 114 (2012), http://www.musicworks.ca/featured-article/sound-bite/listening-territory (consultado el 27 de junio de 2019).

4. Christabel Stirling, "Sound Art / Street Life: Tracing the Social and Political Effects of Sound Installations in London", *Journal of Sonic Studies* 11 (2016), http://sonicstudies.org/jss11 (consultado el 27 de junio de 2019), trad. del autor.

5. Chantal Mouffe, *Deliberative Democracy or Agonistic Pluralism* (Viena: Institute for Advanced Studies, 2000), http://www.ihs.ac.at/publications/pol/pw_72.pdf (consultado el 27 de junio de 2019).

6. Julia Catherine Obert, "The Cultural Capital of Sound: *Quebecite*"s Acoustic Hybridity", *Postcolonial Text* 2, n.º 4 (2006): 2.

7. Edmund Carpenter y Marshall McLuhan, "Acoustic Space", en *Explorations in Communication: An Anthology*, ed. por Edmund Carpenter y Marshall McLuhan (Boston: Beacon Press, 1960), 68.

8. Leandro Pisano, "Comunidad acústica e identidad sónica: Una perspectiva crítica sobre el paisaje sonoro contemporáneo", en *Panambí* 1 (2015): 129-145.

9. Michel Foucault, *Fearless speech*, ed. Joseph Pearson (Los Angeles: Semiotext(e), 2001).

10. Christoph Cox, "Sonic Philosophy", *ArtPulse* 4, n.º 16 (2013), http://artpulsemagazine.com/sonic-philosophy (consultado el 27 de junio de 2019), trad. del autor.

11. Ibíd.

12. Enumeramos aquí las referencias discográficas relacionadas con esta reflexión en el orden de la cita: Pierre Schaeffer, *Étude Aux Objets - Étude Aux Allures - Étude Aux Sons Animés - Étude De Bruits - L'Oiseau RAI - Suite Quatorze*, [LP] Philips, 1971. John Cage, */ 0 (5) – 4'33"*, [CD] Onement, 2006. Helmut Lachenmann, *Trio fluido*, [LP] Breitkopf & Härtel, 1968. Edgar Varèse, *Amériques, Arcana*, [LP] Erato, 1973. Finalmente, las tres obras de la trilogía americana de Francisco López: *La Selva*, [CD] V2_Archief, 1998; *Buildings (New York)*, [CD] V2_Archief, 2001; *Wind (Patagonia)*, [CD] and/OAR, 2007.

13. Casey O'Callaghan, *Sounds: A Philosophical Theory* (Oxford: Oxford University Press, 2007), 11, 26-27, 57-71.

14. Seth Kim-Cohen, *In the Blink of an Ear: Toward A Non-Cochlear Sonic Art* (Nueva York y Londres: Bloomsbury, 2009), 39.

15. "Intervista ad Anna Raimondo", realizada por mí el 3 de marzo de 2014, http://soundcloud.com/leandropisano/intervista_annaraimondo 030314 (consultado el 27 de junio de 2019).

16. Sobre el concepto de "acustemología", cfr. Steve Feld, «Acoustemology», en *Keywords in Sound*, ed. David Novak y Matt Sakakeeny (Durham: Duke University Press, 2015), 12-21; Anja Kanngieser, "A Proposition Toward a Politics of Listening (Geographies and Atmospheres)", en *Invisible Places / Sounding Cities: Sound, Urbanism and Sense of Place*, ed. Raquel Castro y Miguel Carvalhais (Viseu: Jardins Efémeros, 2014), 463.

17. Christabel Stirling, "Listening in Ruins: Aural Atmospheres of the Historical Present". Ponencia presentada en *Hearing Landscapes Critically: Music, Place, and the Spaces of Sound*, Stellenbosch University, Sudáfrica, septiembre de 2013.

18. Leandro Pisano, *Nuove geografie del suono: Spazi e territori nell'epoca postdigitale* (Milán: Meltemi, 2017).

19. Kanngieser, "A Proposition Toward", 463.

20. Cfr. Kim-Cohen, *In the Blink of an Ear*.

21. Salomé Voegelin, *Sonic Possible Worlds: Hearing the Continuum of Sound* (Nueva York y Londres: Bloomsbury, 2014).

CAPÍTULO 8

1. Gilles Deleuze y Félix Guattari, *Mil mesetas. Capitalismo y esquizofrenia* (Valencia: Pre-Textos, 2015), 9-32, 318-358.

2. Jorge Francisco Maldonado Serrano, "Música y creación: un sentido en el pensamiento de Gilles Deleuze» (Tesis de doctorado, Universidad Autónoma de Madrid, 2008).

3. Olga Del Pilar López, "El ritornelo: un cristal sonoro", *La Deluziana* 5 (2017), http://www.ladeleuziana.org/wp-content/uploads/2017/12/07-Lopez-El-ritornelo-un-cristal-sonoro-1.pdf (consultado el 17 de abril de 2019).

4. Luis Pérez Valero, "Antropoceno y desterritorialización de la voz: aproximación a la música a través de Gilles Deleuze", en *Debates sobre Investigación en Artes* (Guayaquil: Universidad de las Artes, 2017), 73-77.

5. Juan Camilo Roa-Corredor, "Deleuze, el pliegue, el ritornelo y la relación arte-territorio", *Cuestiones de filosofía* 1, nr. 17 (2015): 258-274.

6. A este respecto invito a considerar las propuestas de Hal Foster en "El artista como etnógrafo", capítulo de *El retorno de lo real: La vanguardia a finales de siglo* (Madrid: Akal, 1996).

7. La filósofa española Carmen Pardo desarrolla este argumento en *En el silencio de la cultura* (México D.F.: Sexto Piso, 2016).

8. Deleuze y Guattari, *Mil mesetas*, 319.

9. Elizabeth Grosz, *Chaos, Territory, Art: Deleuze and the Framing of the Earth* (Nueva York: Columbia University Press, 2008).

10. Deleuze y Guattari, *Mil mesetas*, 336.

11. Didi-Huberman escribe: "El 'acorde fundamental que se oye resonar sin cesar a través de la masa' del tiempo, como diría Burckhardt, ese 'acorde' de las cosas supervivientes toma aquí la forma de una *onda* que hay que entender como *onda de choque* y como proceso de fractura. Esa es la razón de que el rasgo ejemplar de la actividad histórica en Burckhardt y en Nietzsche asuma aquí la figura técnica de un aparato registrador de los movimientos invisibles de la tierra, el *sismógrafo* [...]". Georges Didi-Huberman, *La imagen superviviente: Historia del arte y tiempo de los fantasmas según Aby Warburg* (Madrid: Abada, 2013), 106.

12. Utilizaré aquí el término acuñado por Erik Camayd-Freixas en su libro *Etnografía imaginaria: Historia y parodia en la literatura hispanoamericana* (Guatemala: F y G Editores, 2012).

13. Eduardo Viveiros de Castro, *Metafísicas caníbales: Líneas de antropología postestructural* (Buenos Aires: Katz, 2010), 13.

14. Ibíd., 165.

15. Deleuze y Guattari, *Mil mesetas*, 24.

16. Ibíd., 24.

17. Bruno Nettl, *Heartland Excursions: Ethnomusicological Reflections on School of Music* (Urbana: University of Illinois Press, 1995), 3, trad. de la autora.

18. Viveiros de Castro, *Metafísicas caníbales*, 19.

19. Ibíd., 20.

20. Ibíd., 199.

21. Ibíd., 206.

22. Carl Dahlhaus, *¿Qué es la música?* (Barcelona: Acantilado, 2012), 9. *Was ist Musik?* es un texto publicado en 1985 por la editorial Florian Noetzel en Wilhelmshaven, Alemania.

23. Glenn Stanley, "Historiography", *Grove Music Online*, http://www.oxfordmusiconline.com/subscriber/article/grove/music/51674 (consultado el 17 de abril de 2019).

24. Viveiros de Castro, *Metafísicas caníbales*, 21-22.

25. Glenn Stanley, "Historiography", en *Grove Music Online*, http://www.oxfordmusiconline.com/subscriber/article/grove/music/51674 (consultado el 17 de abril de 2019), trad. de la autora.

26. Carl Marx y Friedrich Engels, *La ideología alemana* [Manuscrito revisado de 1845-46], Barcelona: Grijalbo, 1970, 11.

27. Deleuze y Guattari, *Mil mesetas*, 16. Aunque no se puede agotar aquí la complejidad del término "rizoma", cabría referir brevemente sus caracteres principales tal como se exponen en el libro citado: "A diferencia de los árboles o

de sus raíces, el rizoma conecta cualquier punto con otro punto cualquiera, cada uno de sus rasgos no remite necesariamente a rasgos de la misma naturaleza; el rizoma pone en juego regímenes de signos muy distintos e incluso estados de no-signos. El rizoma no se deja reducir ni a lo Uno ni a lo Múltiple." Ibíd., 25.

28. Llama la atención la traducción de *mauvaise herbe* por "mala hierba" frente a otra posibilidad como "maleza", que puede prestarse para una consideración crítica en relación con la afirmación original de Pierre Boulez, que se expone más adelante. El compositor habla de "podar", no de "dejar proliferar," siendo consecuente con su propuesta de un serialismo integral, frente al "serialismo limitado" del dodecafonismo.

29. Deleuze y Guattari, *Mil mesetas*, 17.

30. Pierre Boulez, *Par volonté et par hasard: Entretiens avec Célestin Deliège* (París: Seuil, 1975). La colección de textos de Boulez, *Relevés d'apprenti*, ya había aparecido en 1966 en la colección "Tel quel" de la editorial Seuil, dirigida por Philippe Sollers.

31. En la traducción de Deleuze y Guattari se usa el término "mala hierba", si utilizamos "maleza" aquí es en correspondencia con la idea de selección propuesta por Boulez, quien habla de "podar la maleza." Las multiplicidades de ideas posibles brotadas de la semilla requieren ser podadas por el compositor en su acto creador consciente, a partir de la técnica elegida para ello. En el caso de Boulez, el serialismo integral promovía la predeterminación del material.

32. Valérie Dufour y Jean-Marie Rens, "Genése et traces de *Par volonté et par hasard*: Sources et ressources des entretiens de Pierre Boulez avec Célestin Deliége", en *Modernité musicale au xxe siècle et musicologie critique*, editado por Valérie Dufour y Robert Wangermee (Bruselas: Académie royale de Belgique, 2015), 121-124, trad. de la autora.

33. Pierre Boulez, *Puntos de referencias* (Barcelona: Gedisa, 2008), 181, 183, 190.

34. Deleuze y Guattari, *Mil mesetas*, 18.

35. Ibíd., 353.

36. Carl Dahlhaus, *La idea de la música absoluta* (Barcelona: Idea Música, 1999), 17.

37. Erno Lendvai, *Béla Bartók: An analysis of his music; With an introduction by Alan Bush* (Londres: Kahn and Averill, 1971).

38. Deleuze y Guattari, *Mil mesetas*, 353.

39. Dahlhaus, *La idea de la música absoluta*, 17.

40. Aitana García Wanègue, "La muerte de un compositor y el nacimiento de un estilo: el serialismo integral a través de Pierre Boulez", *Espacio Sonoro* 42 (mayo 2017), http://espaciosonoro.tallersonoro.com/wp-content/uploads/2017/06/02.-Aitana-Garc%C3%ADa_42_2017.pdf (consultado el 18 de abril de 2019).

41. Ariadne Ferrández Orbezua, "Arquitectura y Música: El Pabellón Philips y Metástasis» (Tesis de fin de grado, Universidad de Alicante, 2016), http://rua.ua.es/dspace/handle/10045/57466 (consultado el 18 de abril de 2019).

42. Alejandro L. Madrid, "Diversity, Tokenism, Non-Canonical Musics, and the Crisis of the Humanities in U.S. Academia", *Journal of Music History Pedagogy* 7, no. 2 (2017): 124-130, http://www.ams-net.org/ojs/index.php/jmhp/article/view/238 (consultado el 18 de abril de 2019), trad. de la autora.

43. Mayra Estévez Trujillo. *Estudios sonoros desde la Región Andina.* (Quito: Centro experimental oído salvaje, 2008), http://repositorionew.uasb.edu.ec/bitstream/10644/1180/1/CON-001-EST%C3%89VEZ-Estudios%20sonoros.pdf (consultado el 18 de abril de 2019).

44. Mayra Estévez Trujillo. «Mis "manos sonoras" devoran la histérica garganta del mundo: sonoridades y colonialidad del poder». En: *Calle14* 10, 15 (2015): 54-73.

45. Mayra Estévez Trujillo. «Suena el capitalismo en el corazón de la selva». En: *Nómadas 45* (2016): 13-26, http://www.scielo.org.co/pdf/noma/n45/n45a02.pdf (consultado el 18 de abril de 2019).

46. Mayra Estévez Trujillo. «Estudios sonoros en y desde Latinoamérica: del régimen colonial de la sonoridad a las sonoridades de la sanación» (Tesis de doctorado, Universidad Andina Simón Bolívar, Sede Ecuador, 2016) http://repositorio.uasb.edu.ec/handle/10644/4956 (consultado el 18 de abril de 2019).

47. Ibíd., p. 15.

48. Deleuze y Guattari. *Mil mesetas*, 351.

49. Ibíd., 351.

CAPÍTULO 9

1. En este texto utilizo material de mi trabajo de campo en el Festival Internacional do Mundo Celta de Ortigueira (2011-2013) y de mi investigación en el AMFest (2018) de Barcelona. Quiero agradecer a la *Fundação para a Ciência e a Tecnologia de Portugal* por financiar el primero y a la Generalitat de Catalunya por su apoyo económico para el segundo (a través de las *Beques per a la recerca i la innovació en els àmbits de la música* 2018). El proyecto de Ortigueira hizo parte de mi tesis doctoral, dirigida por la etnomusicóloga Salwa El-Shawan Castelo-Branco y la antropóloga Cristina Sánchez-Carretero. Agradezco su apoyo, así como el de la etnomusicóloga Susana Moreno Fernández. También quisiera ofrecer mi agradecimiento al antropólogo Josep Martí por su ayuda en el contexto de mi investigación sobre el AMFest 2018, y a todos los músicos, fundadores, organizadores y miembros de la audiencia que hicieron posible estos dos proyectos de investigación.

2. Arjun Appadurai, *Modernity at Large: Cultural Dimensions of Globalization* (Minneapolis: University of Minnesota Press, 2005), 42.

3. En el contexto de la antropología cultural, espacializar, un concepto original de la antropóloga Setha Low, se refiere al proceso de "producir y localizar —física, histórica, afectiva y discursivamente— las relaciones, instituciones, representaciones y prácticas sociales en el espacio". Setha Low, *Spatializing Culture: The Ethnography of Space and Place* (Nueva York: Routledge, 2017), 7.

4. Eric Hobsbawm, *Fractured Times: Culture and Society in the Twentieth Century* (Nueva York: The New Press, 2013), 44.

5. La investigadora Roxy Robinson denomina a este tipo de festivales "tipo concierto". Roxy Robinson, *Music Festivals and the Politics of Participation* (Londres: Routledge, 2016).

6. La cita original decía: "el festival de *jazz* [en el siglo xx] ha alcanzado un grado de respetabilidad que aún no ha sido alcanzado por el festival de *rock* ni el de pop". Percy M. Young, "Festivales", en *The New Grove Dictionary of Music and Musicians*, ed. Stanley Sadie (Londres: Oxford University Press, 1987), 509.

7. Álbum de fotos que el músico y lutier gallego Antón Corral compartió conmigo y con el músico, investigador y gestor cultural Ramón Pinheiro en su taller de Tui, Galicia, en el año 2013. Esta y las otras imágenes que describo en esta sección pueden verse en: https://semstudentunion.wordpress.com/2014/10/31/thinking-from-the-stage-initial-reflections/ (consultado el 27 de junio de 2019).

8. Xabier Carrasco, 10018, 2000, Festival de Ortigueira, https://festivaldeortigueira.com/gl/galeria/10018 (consultado el 27 de junio de 2019).

9. Ana-María Alarcón-Jiménez, "Spatializing Galician Music at the International Festival of the Celtic World of Ortigueira" (Tesis de doctorado, Universidade Nova de Lisboa, 2017), 179.

10. Thomas Turino, *Music as Social Life: The Politics of Participation* (Chicago: The University of Chicago Press, 2008), 23-65.

11. David Harvey, *Spaces of Global Capitalism: A Theory of Uneven Geographical Development* (Londres: Verso, 2019), 92.

12. Ver Alarcón-Jiménez, "Spatializing Galician Music", 175, para un análisis crítico relacionado con el controvertido escenario de música electrónica erigido en la zona de acampada del Festival entre 2001 y 2012.

13. Marías es el apellido materno de uno de mis principales colaboradores en Ortigueira. Esta es la forma con la que él me ha pedido que se le mencione en este y otros textos.

14. Emily Thompson, *The Soundscape of Modernity: Architectural Acoustics and the Culture of Listening in America, 1900-1933* (Cambridge, MA: MIT Press, 2002).

15. Ver Thompson, *The Soundscape of Modernity*, 13-58, para una contextualización histórica del Symphony Hall.

16. La Son entrevistado por la autora, Barcelona 21 de noviembre de 2018.

17. Jo Quail, entrevistada por la autora, Barcelona-Londres 13 de noviembre de 2018.

CAPÍTULO 10

1. David Hesmondhalgh y Leslie M. Meier, "What the Digitalisation of Music Tells Us About Capitalism, Culture and the Power of the Information Technology Sector", *Information, Communication & Society* 21:11 (2018): 1556.

2. Hesmondhalgh y Meier, "What the Digitalisation of Music", 1562.

3. "Without technologies, broadly understood (musical instrumentation, vocal techniques, modes for the transmission of replicable sequences and so on), there is no 'music' as customarily defined". Raphaël Nowak y Andrew Whelan, eds., "Editor's Introduction", en *Networked Music Cultures: Contemporary Approaches, Emerging Issues* (Londres: Palgrave Macmillan, 2016), 1.

4. P2P es una red de ordenadores diseñada para mandar información sin pasar por un servidor central. Todos los ordenadores conectados actúan como iguales entre sí, siendo simultáneamente servidores y clientes.

5. Tom Jowitt, "Tales In Tech History: Napster", *Silicon UK*, 10 de noviembre de 2017, https://www.silicon.co.uk/e-marketing/ecommerce/tales-tech-history-napster-224585 (consultado el 29 de junio de 2019).

6. Asociación de la Industria Discográfica de Estados Unidos.

7. La denuncia, realizada el mismo año en que Napster fue lanzado (1999), acusaba al programa de "engaging in or enabling, or facilitating others in copying, downloading, uploading, transmitting, or distributing plaintiffs copyrighted musical compositions and sound recordings, protected by either federal or state law, without express permission of the rights owner". A&M Records, Inc v. Napster, Inc. Sentencia de la Corte de Apelación de los Estados Unidos, Circuito Noveno, 293 F.3d 1004, 2001.

8. José Manuel Busto Lago, "Principios de la responsabilidad civil del prestador de servicios de intermediación en Internet (ISP)", en *Responsabilidad Civil de Profesionales y Empresarios: Aspectos nacionales e internacionales*, ed. Ramón P. Rodríguez Montero (A Coruña: Netbiblo, 2006), 118.

9. Nowak y Whelan, "Editor's Introduction", 2, trad. de la autora.

10. Algunos de esos programas contaban con más usuarios que Napster, como por ejemplo KaZaA, con más de 230 millones de usuarios en 2003. Fuente: Alejandro Zentner, "Measuring the Effect of File Sharing on Music Purchases", *Journal of Law & Economics* 49, n.º 1 (2006): 64.

11. Hesmondhalgh y Meier, "What the Digitalisation of Music", 1563.

12. Arild Bergh y Tia DeNora, "From Wind-Up to iPod: Techno-Cultures of Listening", en *The Cambridge Companion to Recorded Music*, ed. Nicholas Cook, Eric Clarke, Daniel Leech-Wilkinson y John Rink (Cambridge: Cambridge University Press, 2009), 114.

13. Según Conolly y Kruger, desde 1999, las ventas en la industria de la música disminuyeron una media del 7% al año. Marie Connolly y Alan B. Krueger, "Rockonomics: The Economics of Popular Music", en *Handbook of the Economics of Arts and Culture*, ed. Victor A. Ginsburgh y David Throsby (Ámsterdam: North Holland, 2006), 667-72.

14. "I search the song in YouTube, then I try to listen the album. If I really enjoyed the album I download it from the Internet and again, if I notice that has become particularly important for me, I buy it. (Ramón)"; "When I like something very much, if it's affordable for me, I go and pay for the album, I never listen to it but at least I have done something. (Eric)". Fuente: Víctor Ávila Torres, "Making Sense of Acquiring Music in Mexico City", en *Networked*

Music Cultures: Contemporary Approaches, Emerging Issues, ed. Raphaël Nowak y Andrew Whelan (Londres: Palgrave Macmillan, 2016), 90.

15. Cfr. Bergh y DeNora, "From wind-up to iPod: techno-cultures of listening", 112.

16. Desde sus inicios, el concepto de "mixtape" o "recopilación" doméstica siempre se ha contaminado por la cuestión de la ilegalidad. Las cintas recopilatorias fueron también un medio muy popular entre los DJ, que vieron en ellas una oportunidad de experimentación en directo y posibilidades de llegar a nuevos públicos. Para informarse más del tema, se recomienda leer: Dan Rys, "The Evolution of the Mixtape: An Oral History with DJ Drama", *Billboard*, 26 de enero de 2017, https://www.billboard.com/articles/columns/hip-hop/7669073/history-dj-drama-mixtape-evolution (consultado el 29 de junio de 2019); T. M. Wolf, "America's Most Policed Art Form: The Rise of the Informal Mixtape Economy", *Pop Matters*, 13 de mayo de 2007, https://www.popmatters.com/americas-most-policed-art-form-the-rise-of-the-informal-mixtape-economy-2496218659.html (consultado el 29 de junio de 2019) o Meredith L. Schantz, "Mixed Signals: How Mixtapes Have Blurred the Changing Legal Landscape in the Music Industry", *University of Miami Business Law Review* 296 (2009): 293-324.

17. La novela *Alta fidelidad* (*High Fidelity*, 1995) fue publicada en un momento en que el casete empezaba a perder fuerza en las tiendas de discos y los CD empezaban a tomar fuerza. La mirada nostálgica de Rob parece casi un epitafio a prácticamente todas las tecnologías recopilatorias que preceden a la era digital: "Para mí, grabar una cinta que le voy a regalar a alguien es como escribirle una carta: hay mucho que borrar, pensar a fondo, a veces empezar de nuevo [...] Una buena cinta de recopilación, igual que una ruptura, es algo dificilísimo de hacer bien. Tienes que empezar con un tema arrasador, tienes que mantener el ánimo del oyente [...], tienes que subir un puntín, o enfriar un poco el ánimo, y tampoco puedes mezclar música blanca con música negra, ni colocar dos temas del mismo artista en una cara, a menos que lo hagas todo por parejas de canciones, y además... Bueno, hay miles de reglas que cumplir". Nick Hornby, *Alta fidelidad*, Barcelona: Anagrama, 2008, trad. por Miguel Martínez Lage.

18. Citado en Ryan S. Henriquez, "Facing the Music on the Internet: Identifying Divergent Strategies for Different Segments of the Music Industry in Approaching Digital Distribution", *UCLA Entertainment Law Review* 7, n.º 1 (1999): 65, trad. de la autora.

19. Cfr. Kelly Choong Wi Yan, "The Diffusion of MP3 and Its Impact on the Music Industry: A Strategic Analysis" (tesis de máster, Queensland University of Technology, 2001), https://eprints.qut.edu.au/36356/6/36356_Digitised%20Thesis.pdf (consultado el 29 de junio de 2019).

20. Jeff Jensen, "Everything You Want to Know About MP3s", *Entertainment Weekly*, 12 de marzo de 1999, https://ew.com/article/1999/03/12/everything-you-want-know-about-mp3s/ (consultado el 29 de junio de 2019), trad. de la autora.

21. Citado en Jenny Eliscu, "Beyond Napster", *Rolling Stone*, 12 de octubre de 2000, 14, trad. de la autora.

22. Spotify ha sido una de las plataformas que más ha apostado por la escucha personalizada. Un ejemplo de ello es la lista "descubrimiento semanal", creada

por un algoritmo curatorial. La lista contiene treinta canciones recomendadas específicamente para cada usuario, y se actualiza cada lunes.

23. Antony Bruno, "Myspace Is the (Online) Place", *Billboard*, 7 de mayo de 2005.

24. Noriko Manabe, "A Tale of Two Countries: Online Radio in the United States and Japan", en *The Oxford Handbook of Mobile Music Studies*, vol. 1, ed. por Sumanth Gopinath y Jason Stanyek (Nueva York: Oxford University Press, 2014), 458.

25. "La trayectoria desde 1999 hasta 2016 ha implicado una aceptación por parte de las compañías de IT para ofrecer servicios que cumplan con las leyes de *copyright* en lugar de 'infracción' de *copyright*. Aún así, la industria de la música depende y tiene que reaccionar a la industria de IT". Hesmondhalgh y Meier, "What the Digitalisation of Music", 1565, trad. de la autora.

CAPÍTULO 11

1. Theodor W. Adorno, *Beethoven: Filosofía de la música* (Madrid: Akal, 2003), fragmento 29, apartado 3.

2. Para esta cuestión ver: Marina Hervás Muñoz, "Las modalidades del tiempo: el tiempo vacío, el tiempo extensivo y el tiempo intensivo", en "'Pensar con los oídos'. Conocimiento y Música en la Filosofía de Th. W. Adorno" (Tesis de doctorado, Universidad Autónoma de Barcelona, 2017), 261-281.

3. Recuérdese que Hegel, en el Prefacio a la *Fenomenología del Espíritu*, afirma que la verdad es la totalidad y que esa totalidad —lo absoluto— es el desarrollo de un largo proceso, que explica con la metáfora organicista del desarrollo de una semilla que llega hasta la flor y el fruto. Como recuerda Mark Evan Bonds, Hoffmann utiliza la misma imagen para describir la coherencia orgánica de la *Quinta sinfonía* de Beethoven. Cfr. Mark Evan Bonds, *Music as Thought: Listening to the Symphony in the Age of Beethoven* (Princenton: Princenton University Press, 2006), 55. Georg Wilhem Friedrich Hegel, *Fenomenología del espíritu* (México: Fondo de Cultura Económica, 1966), 8, 16.

4. Los trabajos de Tia DeNora mostraron los nexos entre la noción de "gran música" y la "escucha atenta". La obra se comprendía como un objeto temporal finito que había que captar mediante una reglamentación de lo que significaba la escucha atenta. La memoria ocupa un lugar fundamental en esta escucha, pero se requiere además una actitud adecuada de recogimiento en la sala de conciertos. Cfr. Tia DeNora, *Beethoven et la construction du génie* (París: Fayard, 1998), 58. La escucha atenta puede ser comprendida como una disciplina de la escucha que sigue el modelo del régimen disciplinario descrito por Michel Foucault: un control sistemático del tiempo a través de la obra musical, del espacio en la sala de conciertos y de las actitudes corporales del individuo a través del recogimiento y el silencio. Cfr. Michel Foucault, *Surveiller et punir: Naissance de la prison* (París: Gallimard, 1975), 139. Para esta cuestión, ver: Carmen Pardo, "Vider le temps pour écouter le milieu sonore. Variations sur un thème de Pierre Mariétan", *Sonorités Nouvelles*, Les Cahiers de l'Institut Musique Écologie (Nimes: Lucie éditions, 2018), 23-37.

5. Theodor W. Adorno, "Beethoven im Geist der Moderne," *Süddeutsche Zeitung*, 22 de diciembre de 1964.

6. Para esta cuestión: Albrecht Wellmer, *Sobre la dialéctica de modernidad y postmodernidad: La crítica de la razón después de Adorno* (Madrid: Visor, 1993); Ainhoa Kaiero, "Creación musical e ideologías: la estética de la postmodernidad frente a la estética moderna" (Tesis de doctorado, Universidad Autónoma de Barcelona, 2007).

7. Pierre Boulez, *Penser la musique aujourd'hui* (París: Gallimard, 1987), 99-100.

8. Para la noción de *Momentform* y su evolución: Karlheinz Stockhausen, "Momentform"; "Erfindung und Entdeckung"; "Musik im Raum", en *Texte zur elektronischen und instrumentalen Musik: Band 1, Aufsätze 1952-1962 zur Theorie des Komponierens* (Colonia: DuMont Schauberg, 1963), 189-210, 222-258 y 171, respectivamente.

9. Al final de su vida —entre 1987 y 1992— compone el ciclo *Number Pieces*, en el que el intérprete decide el inicio y el final de la emisión sonora con su cronómetro. Los límites se establecen mediante paréntesis de tiempo.

10. Theodor W. Adorno, "Vers une musique informelle", en *Escritos musicales I-III* (Madrid: Akal, 2006), 515.

11. Respecto a la composición musical, Charles constata un desplazamiento que lleva de la función de la memoria a un funcionalismo del olvido. Según este funcionalismo, los sonidos son considerados como singularidades diferenciadas que pueden establecer cualquier nexo con otros sonidos. Esto es lo que Cage denomina interpenetración sin obstrucción y Charles comprende como un olvido positivo. Cfr. Daniel Charles, *Le temps de la voix* (París: Éditions Jean-Pierre Delarge, 1978), 263 y 265.

12. Theodor W. Adorno, "Critique sociale de la musique radiodiffusée", en *Current of Music: Éléments pour une théorie de la radio* (París: Les Presses de l'Université Laval, 2010), 189-190.

13. Johan Huizinga, *Homo Ludens* (Madrid: Alianza, 1972), 67.

14. Margaret Leng Tan, "A Toy Is A Toy Is (Not) A Toy", folleto del DVD *She Herself Alone: The Art of the Toy Piano 2* (Nueva York: Mode Records, 2010).

15. Theodor W. Adorno, "Sobre el carácter fetichista en la música y de la regresión del oído", en *Disonancias* (Madrid: Rialp, 1966), 54.

16. "La gente puede presenciar mis obras y decir, 'oh', 'es un juguete bonito'. Es un buen cumplido para mí, también. ¿Es un juguete, es arte o es música? No lo sé." Cfr. Joe Jones, "Across the River", en *Interviews with Sound Artists*, editado por René van Peer (Eindhoven: Het Apollohuis, 1987), 13.

17. Andreas Böhn y Kurt Möser, eds., *Techniknostalgie und Retrotechnologie* (Karlsruhe: KIT Scientific Publishing, 2010).

18. Reed Qubais Ghazala, "The Folk Music of Chance Electronics: Circuit-Bending the Modern Coconut", *Leonardo Music Journal* 14 (2004): 97-104.

19. Según Emmanuelle Aymès, el *circuit-bending* consiste en un uso no previsto del objeto sonoro electrónico por intervención directa sobre el material y no sobre la programación. Se trata de cortocircuitar objetos electrónicos de poca intensidad eléctrica, que emiten sonidos y que funcionan con pilas como, por ejemplo, peluches que hablan o viejos sintetizadores. Con el término *chiptune* se alude a los chips electrónicos de las primeras consolas o de los micro-

ordenadores. La música 8 bits se refiere a sus capacidades técnicas. Cfr. Jacques Amblard y Emmanuelle Aymès, *Micromusique et ludismes régressifs depuis 2000* (Aix-en-Provence: Presses Universitaires de Provence, 2017), 59 y 62.

20. François Ella-Meye, "Pour une approche heuristique du son d'or de Charlemagne Palestine. La reconstruction de Schlingen-Blängen" (Tesis de doctorado, Universidad Charles de Gaulle - Lille 3, 2017), 51-52.

CAPÍTULO 12

1. Matthew Gelbart, *The Invention of 'Folk Music' and 'Art Music': Emerging Categories from Ossian to Wagner* (Cambridge: Cambridge University Press, 2007), especialmente el capítulo 2, 40-79. De las obras de John Hawkins y Johann Nikolaus Forkel no parece haber ediciones modernas fácilmente accesibles. Sin embargo, una de las crónicas de Charles Burney fue traducida al castellano por Ramón Andrés con el título de *Viaje musical por Francia e Italia en el s. XVIII* (Barcelona: Acantilado, 2014).

2. David Gramit, *Cultivating Music: The Aspirations, Interests, and Limits of German Musical Culture, 1770-1848* (Berkeley: University of California Press, 2002), 38. El libro de Vanessa Agnew, *Enlightenment Orpheus: The Power of Music in Other Worlds* (Oxford: Oxford University Press, 2008) estudia también, deteniéndose en Charles Burney, la influencia de las experiencias musicales en los viajes de ultramar sobre la concepción de la música europea, y en particular la rearticulación del mito de Orfeo entre finales del siglo XVIII y principios del XIX.

3. Johannes Fabian, *Time and the Other: How Anthropology Makes its Object* (Nueva York: Columbia University Press, 1983).

4. Cfr. Gary Tomlinson, "Musicology, Anthropology, History", en *The Cultural Study of Music: An Introduction*, ed. Martin Clayton, Trevor Herbert y Richard Middleton (Nueva York: Routledge, 2003), 32.

5. Lydia Goehr, *The Imaginary Museum of Musical Works: An Essay in the Philosophy of Music* (Oxford: Clarendon Press, 1992).

6. Cfr. Marcelo Sorce Keller, *What Makes Music European: Looking Beyond Sound* (Plymouth: Scarecrow Press, 2012), 69.

7. El texto de Adler apareció publicado en el primer número de la revista *Vierteljahrsschrift für Musikwissenschaft* con el título de "Umfang, Methode und Ziel der Musikwissenschaft", 1 (1885): 5-20 y se puede leer también en inglés, en traducción comentada por Erica Mugglestone, con el título de "Guido Adler's 'The Scope, Method, and Aim of Musicology' (1885): An English Translation and Historico-Analytical Commentary", *Yearbook for Traditional Music* 13 (1981): 1-21; véase especialmente la pág. 8.

8. Cfr. Kevin C. Karnes, *Music, Criticism, and the Challenge of History: Shaping Modern Musical Thought in Late Nineteenth-Century Vienna* (Oxford: Oxford University Press, 2008), especialmente el capítulo 6, 159-187.

9. Heinrich Besseler, "Grundfragen des musikalischen Hörens" (1925), en *Aufsätze zur Musikästhetik und Musikgeschichte*, ed. Peter Gülke (Leipzig: Reclam, 1978), 29-53; en inglés se ha publicado una traducción de Matthew

Pritchard, con Irene Auerbach: "Fundamental Issues of Musical Listening (1925)", *Twentieth-Century Music* 8, n.º 1 (2011): 49-70.

10. Carl Dahlhaus, *Fundamentos de la historia de la música* (Barcelona: Gedisa, 1997), 24.

11. Ibíd., 91-106.

12. Ibíd., 12, 28.

13. Ibíd., 21.

14. Joseph Kerman, *Contemplating Music* (Cambridge, MA: Harvard University Press, 1986). De Susan McClary conviene mencionar al menos *Feminine Endings* (Minneapolis: University of Minnesota Press, 1991), reeditado en 2002 con una nueva introducción.

15. Uno de los textos fundamentales de esta aproximación a la historia es Hayden White, *El contenido de la forma: Narrativa, discurso y representación histórica* (Barcelona: Paidós, 1992).

16. Leo Treitler, *Music and the Historical Imagination* (Cambridge, MA: Harvard University Press, 1989).

17. Lawrence Kramer, "Subjectivity Rampant! Music, Hermeneutics, and History", en *The Cultural Study of Music: An Introduction*, ed. Martin Clayton, Trevor Herbert y Richard Middleton (Nueva York: Routledge, 2003), 124-135.

18. Gary Tomlinson, "Musical Pasts and Postmodern Musicologies: A Response to Lawrence Kramer", *Current Musicology* 53 (1993), 18-24.

19. Cfr. Anne Shreffler, "Berlin Walls: Dahlhaus, Knepler, and Ideologies of Music History", *Journal of Musicology* 20 (2003): 498-525. La obra de Georg Knepler donde se recogen sus principales ideas sobre la historiografía de la música es *Geschichte als Weg zum Musikverständnis* (Leipzig: Reclam, 1977).

20. Para una explicación de la importancia del término "práctica" (*practice*) en la teoría social y la antropología contemporánea, véase Sherry Ortner, *Anthropology and Social Theory: Culture, Power, and the Acting Subject* (Durham: Duke University Press, 2006), 1-18. Sobre el uso del término "práctica" (*practice*) en la historiografía musical, véase por ejemplo Jim Samson, "The Musical Work and Nineteenth-Century History", en *The Cambridge History of Nineteenth-Century Music*, ed. Jim Samson (Cambridge: Cambridge University Press, 2001), 24-26.

21. Christopher Small, *Musicking: The Meanings of Performing and Listening* (Hanover, NH: University Press of New England, 1998), 9; y también de él, "El musicar: Un ritual en el espacio social", *TRANS-Revista Transcultural de Música* 4 (1999), https://www.sibetrans.com/trans/articulo/252/el-musicar-un-ritual-en-el-espacio-social (consultado el 19 de abril de 2019).

22. Cfr. Franco Fabbri, "Music as a Form of Social Interrelation", en *Making Music, Making Society*, ed. Josep Martí y Sara Revilla Gútiez (Newcastle: Cambridge Scholars Publishing, 2018), 35-58.

23. Cfr. Richard Middleton, "Pop, Rock and Interpretation", en *The Cambridge Companion to Pop and Rock*, ed. Simon Frith, Will Straw y John Street (Cambridge: Cambridge University Press, 2011), 215.

24. Sobre la cuestión de los procesos diacrónicos en relación con los géneros musicales véase Franco Fabbri, "How Genres Are Born, Change, Die: Conventions, Communities and Diachronic Processes", en *Critical Musicological Reflections*, ed. Stan Hawkins (Farnham: Ashgate, 2012), 179-191.

25. Will Straw, "Cultural Scenes", *Loisir et Société / Society and Leisure* 27, n.º 2 (2004): 411-422.

26. Derek Scott, *Sounds of the Metropolis: The 19th-Century Popular Music Revolution in London, New York, Paris, and Vienna* (Oxford: Oxford University Press, 2008).

POSTSCRIPTUM

Hubo un momento en el que pensábamos
que sería idóneo escribir un prólogo y un
epílogo, como todo compendio de artículos al
uso. Íbamos a presentar a los autores, resumir
los textos, explicar por qué esto y no lo otro,
justificar la validez y legitimidad, la integración
y sintonización de todo aquello. ¡Ah, pero llegó
el momento de escribir a cuatro manos! Explotó
un volcán, se abrió la tierra, una nube de polvo
oscureció la superficie durante varias semanas.
Hubo un terremoto que se llevó por delante
buena parte de nuestras creencias iniciales. Ya no
veíamos nada con la claridad cristalina inicial,
tras leer todos los textos y haber pensado su
destino en su diálogo imaginario con nosotros
y el resto de los autores. Decidimos cambiar no
solo de mirada sino también el juego de lentes.
Lo único que nos parecía que encajaba ahora
con el libro era construirlo desde la misma idea
que lo había inspirado, la de los terremotos,
intervenirlo como si pequeñas grietas supuraran
parte de todas las lecturas, discusiones y gestos
que nos han acompañado. No queríamos imponer
ningún camino preestablecido a la lectura,
ninguna interpretación de los textos, como si no
nos afectase lo que cuentan. Así que negamos
la imposición invitando a los posibles lectores
a que establezcan su propio acercamiento y
recorrido: con un texto introductorio reducido
a sus tensiones mínimas, andando así por
la misma cuerda floja que nosotros; con un
índice de orden variable —cortazariano, si se
prefiere—, con un glosario que se hace cargo de
que definir es siempre un acto político; y textos
como fallas, o como pequeños temblores, que
crean conversaciones posibles e imposibles con

temas que quedan abiertos entre las líneas de los artículos.

Creemos que no hay ningún otro texto, del tipo que sea, que no esté de alguna forma herido por su proceso. Las heridas del nuestro están por todo el libro, desde la selección de los temas, la distribución de las secciones o la escritura de este párrafo. Nada es inocuo porque la escritura no lo es. Toda elección hace temblar nuestras creencias. Una y otra vez, todo podría haber sido de otra manera. Pero también de esta.

Este libro surge de la cuestión sobre qué son los terremotos en el presente. No sabemos lo que puede un terremoto. Solo nos quedan las huellas sobre la superficie: las fallas. Lo que hemos aprendido de ellas es que cuando una falla se abre no puede volver a cerrarse.

Pedro Alcalde
Marina Hervás

FURTHER
LISTENING